高校服务与农村经济建设研究

石　英　史　雯◎主编

吉林出版集团股份有限公司

图书在版编目（CIP）数据

高校服务与农村经济建设研究 / 石英，史雯主编 .—长春 ： 吉林出版集团股份有限公司， 2023.8

ISBN 978-7-5731-4151-4

Ⅰ.①高… Ⅱ.①石… ②史… Ⅲ.①高等学校－作用－农村－社会主义建设－研究－中国 Ⅳ.①F320.3

中国国家版本馆 CIP 数据核字（2023）第 161195 号

高校服务与农村经济建设研究

GAOXIAO FUWU YU NONGCUN JINGJI JIANSHE YANJIU

主　　编 石　英　史　雯

责任编辑 王　平

封面设计 林　吉

开　　本 787mm×1092mm　1/16

字　　数 220 千

印　　张 14

版　　次 2023 年 8 月第 1 版

印　　次 2023 年 8 月第 1 次印刷

出版发行 吉林出版集团股份有限公司

电　　话 总编办：010-63109269

发行部：010-63109269

印　　刷 廊坊市广阳区九洲印刷厂

ISBN 978-7-5731-4151-4　　定价：78.00 元

前　言

高校服务与农村经济建设的研究是探讨高校在农村经济发展中的作用和影响的重要课题。随着城乡发展不平衡的问题越发凸显，加强高校与农村经济的互动合作被广泛认为是解决这一问题的有效途径之一。本书旨在深入研究高校服务与农村经济建设的关系，探索高校如何发挥其优势资源和专业技术，促进农村经济的可持续发展。通过对高校服务与农村经济建设的深入研究，我们期望为农村经济发展提供新的思路和有效的策略，推动高校与农村经济的紧密合作，促进农村地区的可持续发展。

伴随着国民经济的发展，国家更加地重视新农村建设，全面提升农村经济发展水平，缩小我国城市和农村的贫富差距，实现社会经济发展的均衡高校作为培养经济建设人才的重要阵地，应该深刻地意识到自身肩负的职责和使命，发挥出科研优势和育人功能，进而为农村经济建设提供优质的服务，在提升农民综合素养的基础上，加快新农村建设步伐，实现农村经济的快速发展。

为了加快农村经济发展，提升农民经济收入，高校应该大力培养农业科技人才，运用科技去发展农业，同时，发挥出自身的服务功能，在产业优化升级、农民经济收入、构建和谐农村几个方面去不断探究和创新。

由于作者水平有限，时间仓促，书中不足之处在所难免，恳请各位读者、专家不吝赐教。

石英　史雯

2023 年 3 月

目　录

第一章　高校服务育人概述

第一节　高校服务育人的内涵与要素

一、高校服务育人的基本内涵

育人是高校办学的最终目标，因此高校服务的目标也是育人，在服务中“立德树人”具有潜移默化、润物无声的效果。所谓“服务育人”是指在服务中教育人，主要是指通过学校的后勤服务和其他工作中的服务环节，特别是通过增强对学生的服务意识来达到育德育人的目标。服务作为高校育人的重要载体之一，是检验一所高校是不是“人民满意的学校”的试金石，所以，高校要提供优质的育人服务，培育卓越人才。

（一）服务育人的主体

传统的高校育人机制未能全面地根据学生的身心特点和规律来开展有针对性的思想教育工作，忽视了大学生的主体地位，导致高校育人功能质量下降、效率降低，这已成为高校育人工作中不容忽视和亟待解决的问题。

基于马克思主义“人始终是主体”的论断，我国高校教育必须坚持“以人为本，以学生为本”和“为人民服务”的办学宗旨来发展中国特色社会主义教育。高校服务育人的主体是人，教职工和学生都是高校服务育人的主体，其中，学生是更为重要的主体。高校是一种“人的社会关系”的产物，高校的存在是为了育人，是为人的发展提供服务。一方面，高校教育要坚持以人为本、以学生为中心，在教学服务、管理服务等各项服务工作中营造良好的育人环境，这对于高校的教职工和学生等主体具有潜移默化的教育功能。另一方面，高校的主要群体是学生群体，学生群体为了满足学习需要和发展需要，会对高校教育提出建议和要求，以获取满足自身需要的服务。

（二）服务育人的载体

服务是高校育人的重要载体，服务育人是高校的重要职能之一。高校要在解决好“培养什么人、怎样培养人、为谁培养人”这个根本问题的基础上，进一步明确“我为人人”的服务育人理念。中共中央、国务院发布的《中国教育现代化 2035》中明确指出：“教育为人民服务、为中国共产党治国理政服务、为巩固和发展中国特色社会主义制度服务、为改革开放和社会主义现代化建设服务”，其中，首要的是为人民服务。高校在办学教学和日常管理中，要坚持这“四个服务”的宗旨，坚定“立德树人的根本任务”不动摇。服务育人是高校的职责，高校的各个部门都承担着服务育人的功能，高校教职工在教学工作和管理工作中，都在为学生、学校和社会发展服务。通过高品质的服务育人建设，辐射每一个人，尤其是青少年一代。

在服务育人过程中，要坚持以服务为出发点，以育人为落脚点，用卓越的服务培育卓越人才。在教学过程中，要坚持教学服务育人，以学生为中心，更好地改进教学方式，增强教学效果，提升教学服务育人的质量。在管理过程中，要坚持管理服务育人，坚持学校管理原则，将制度化和人性化相结合，在管理中服务，在管理中育人，让服务育人主体融入服务育人实践中。

二、高校服务育人的新时代内涵

中国特色社会主义进入新时代，高等教育服务育人有了新的内涵，主要包括以下两个层面的含义：一是通过服务实现育人目标。服务的主体不再局限于高校后勤，而是由高校后勤、服务企业、高校学生及学生组织共同组成。服务本身被细化为服务活动、服务环境、服务行为、服务文化等多个维度。育人的形式全过程、全范围地嵌入大学生活。新时代服务育人在课堂之外培养学生的劳动观念和劳动素质，传递社会公德、职业道德和个人美德，促进大学生良好生活习惯的养成和社会关系的形成，培养新时代的“全人”，具有动态化、生态化、潜在性、间接性等特点。二是育人效果在服务中得以体现和检验。基于“实践—认识—再实践—再认识”的基本逻辑，新时代服务育人引导学生在服务自我、服务社会和服务全面建设社会主义现代化国家的过程中，发现个人价值、发挥个人潜能、发展独特个性，实现自我发展与国家社会发展同心同向、同频互动。

教育是国之大计、党之大计。学校的首要使命就是教育，而“培养什么人，是教育的首要问题”中国特色社会主义高校服务育人的目标是“人人成才”，即培育为实现共产主义而奋斗的人才。

在培育大学生的过程中，不仅要注重技能培育，而且要牢牢把握好理想信念教育、爱国主义教育和道德素质教育等，发挥出中国特色社会主义办学优势，为大学生自由全面发展提供多元化成才路径，为社会主义事业培育有用之才。同时，新时代所有的教育活动都要围绕培养学生的批判性思维、交往与沟通能力、多元视角、领导力与实践力等核心素养展开，这些素养的形成，不仅仅需要灌输、指导和传授，更需要熏陶、感化和培育，而服务育人正是以非智力性教育的形式，实现对人的熏陶、感化和培育。

（二）新时代服务育人功能

新时代服务育人的功能更趋多样化，与教书育人、管理育人在过程上更是同步化，在影响上更趋一致化。第一，服务育人是思想政治教育的有益补充。新时代，大学生思想政治工作愈发重要，在教育学生明大德、守公德方面发挥着巨大作用。服务育人以其特有的教育形式和价值传导方式，成为思想政治教育的有益补充。第二，服务育人是生存能力和生活美学教育的重要内容。21 世纪，学生不仅是学习的主体，也是生存的主体，学会生存不仅要掌握生存技能，还要拥有健康的体魄和吃苦耐劳的精神。服务育人以其特有的育人形式介入学生的点滴生活，使他们懂生活、爱生活、会生活，发现生活之乐，创造生活之美。第三，服务育人是提升大学生综合能力的重要渠道。大学生的综合能力包括社会适应能力、人际交往能力、语言表达能力、组织管理能力、开拓创新能力、动手实践能力、竞争生存能力等。大学是青年学子步入社会的最后一道门槛，而服务育人促进了学生与学生、学生与教师、学生与工勤人员、学生与社会之间的互动，为大学生适应社会、解决现实问题、建构良好的人际关系提供了独特路径和实践空间。新时代服务育人将服务举措嵌入生活教育，将人才培养与人的生动活泼发展相联系，与人的持续、充分发展相联系，形成有活力的教育生态，凸显生命的灵动与鲜活、自由与独特。

（三）新时代服务育人资源

服务育人资源是培养学生创新能力、实践能力与社会服务能力的人力资源、财力资源、物力资源和信息资源的总称。人力资源涵盖高校各类群体，包括高校教师及校内外保障类服务人员。财力资源包括国家财政拨款、学生培养经费、社会捐赠、科技创收、校办企业上缴利润等学校建设发展资金，以及社会服务企业投入的企业发展资金。物力资源是指服务于高校育人目标的各种物质资源，大到图书馆、教学楼、体育场、食堂等楼宇建筑，小到超市、餐饮店、园林景观等服务观赏设施。信息资源包括学习资源、图书信息资源和新媒体资源等。新时代服务育人需充分运用这些资源，发挥其能力开发、价值引导、行为规范等功能，实现润物无声的隐性教育。

三、服务育人的主体要素

要素是指构成一个客观事物的存在并维持其运动的必要最小单位，它既是组成系统的基本单元，又是系统产生、变化、发展的动因。服务育人作为一项系统工程，也有其基本的组成要素。笔者认为，服务育人由主体要素、条件要素和文化要素组成。这三个要素相互依存、相互作用，缺一不可，其中主体要素是关键，条件要素是基础，文化要素是核心。

（一）主体要素的含义

主体要素是一个系统中起主导作用的要素，是首要的条件，它甚至制约着系统的发展。服务育人的主体要素是指进入高校管理服务活动领域，发起、承担并实现管理服务活动的高校服务工作者，他们是服务活动的决策者、组织者与执行者，是服务育人系统中的关键性要素。

主体要素是服务育人系统中的实践性要素。高校服务工作是丰富的实践过程，具有客观物质性、主观能动性和社会历史性。服务工作者作为实践的主体，运用自己所掌握的知识、技能，借助一定的载体，如各种管理制度和各种设施工具，对校园环境等进行改造，使之朝着有利于学校师生的方向发展；同时在管理与服务的实践过程中，实践主体又在不断地学习和提升自己各方面的素质，以更好地进行管理服务实践活动，最终达到管理育人、服务育人的目的。

实践客体的身体状态和育人意识是服务育人实践的检验标准，教育的全面性要求和不断提升的客体需求，推动着实践主体的自我完善。实践是连通主体和客体的桥梁，也是实现学校服务育人目标的主要手段。先进的技术和设施并不是实践手段的必要条件，掌握技能的实践主体才是关键之所在。

（二）主体要素的特征

1. 健全的身心素质

首先要有强健的体魄。服务工作者往往承担较多的体力劳动，只有保持健康的身体，才有足够的精力应对日常生活和工作的压力。其次要有健康的心理。服务工作者要保持积极的心态，对日常工作中遇到的压力、委屈等心理问题，能采取有效的预防、调整及治疗措施。服务工作很烦琐，时常会受到误解甚至责骂，因此，服务工作者要善于进行自我调节。

2. 较强的能力素质

服务工作者要具有基本的岗位技术能力，并保持不断学习的习惯，具备解决问题的能力。在工作中碰到困难，能及时抓住主要矛盾并妥善解决，以保证工作顺利进行。要有沟通协调能力，能有效地运用各种沟通方式，营造宽松和谐的工作氛围，通过沟通、协调把服务过程效能化。

3. 良好的品德素质

“育人须先育己”“打铁还需自身硬”，服务工作者要主动地承担起服务育人的历史责任，首先要提高自身的政治思想素质、职业道德素质和服务技能素质。人的各种素质中，政治思想素质是灵魂，也是做好服务育人工作的基础和前提。服务者也是教育者，其政治责任感、世界观、人生观、价值观等对学生都会产生潜移默化的影响。服务人员与学生的接触十分频繁，其工作作风、工作态度会对学生产生直接影响。服务人员在工作中所表现出来的强烈的事业心和责任感、饱满的工作热情、无私的奉献精神，必然会对学生的心灵产生良好的正面影响，起到示范和引导作用。服务人员良好的工作态度可缩短与学生之间的心理距离，打动和感染学生，赢得学生的理解、信任、支持与配合，使学生对服务人员产生亲切感和信任感。

第二节　新时代高校服务育人的理论基础

一、人的全面发展理论

在人类历史的漫漫长河中，研究人的全面发展的思想家不胜枚举。从苏格拉底将人作为哲学研究的主体，到柏拉图提出“人达到的全面发展应是达到美、智、仁、勇”①，再到康德强调人的自由发展、黑格尔提出“社会和国家的目的在于使一切人类的潜能，以及一切个人的能力在一切方面和一切方向上都可以得到发展和表现”②，这些都为人的全面发展描绘了美好愿景。从欧文首次明确提出“希望人们能得到德、智、体、行等方面的教育”③，到圣西门将自己终身劳动的目的定为“为一切社会成员创造最广泛的可能来发展他们的全部才能”④，都为人的全面发展理论提供了理论铺垫。

马克思提出“人的全面发展理论”⑤也不是一蹴而就的：人的自由全面发展这一问题最先出现在他的博士论文中；1844年，他在《神圣家族》⑥一书中提出了“人的全面发展问题”并对“人的全面发展与教育和外部环境的关系”做了论述；他的《1844年经济学哲学手稿》⑦论述了人的全面发展与劳动的关系，通过对异化劳动的分析来实现对人的全面发展的论证，这标志着马克思人的全面发展思想的初步形成。《关于

① 柏拉图：《理想国》，张俊译，民主与建设出版社2020年版。

② 黑格尔：《精神现象学》，贺麟，王玖兴译，商务印书馆2017年版。

③ 罗伯特·欧文：《新社会观或论人类性格形成之原理及其应用》，曾凡海，王婷，乔相如译，外语教学与研究出版社2012年。

④ 圣西门：《圣西门选集》，董果良译，商务印书馆1982年版。

⑤ 马克思，恩格斯：《马克思恩格斯全集》，中共中央马克思恩格斯列宁斯大林著作编译局译，人民出版社1958年版。

⑥ 马克思，恩格斯.《神圣家族，或对批判的批判所做的批判》，中共中央马克思、恩格斯、列宁、斯大林著作编译局译，人民出版社1958年版。

⑦ 马克思：《1844年经济学哲学手稿》，中共中央马克思恩格斯列宁斯大林著作编译局译，人民出版社2018年版。

费尔巴哈的提纲》[①]中指出了实践在人的社会生活领域中的地位和作用，从人的本质教育分析人的全面发展问题；《德意志意识形态》[②]《共产党宣言》[③]则从社会分工、唯物史观的角度来剖析人的全面发展，在《共产党宣言》中更是写道“代替那存在着阶级和阶级对立的资产阶级旧社会的，将是这样一个联合体，在那里，每个人的自由发展是一切人自由发展的条件”，从中分析得出共产主义代替资本主义的历史必然性，也从发展生产力、发展教育等多方面阐述了人的全面发展的途径和条件，进一步完善了人的全面发展思想。而标志着马克思“人的全面发展”这一科学理论最终确立的则是《政治经济学批判大纲》和《资本论》的出版，马克思、恩格斯从人与社会的关系出发，指出人的全面发展历程是一个自然的历史过程，得出“人的本质是一切社会关系的总和”这一伟大的结论，在此基础上，全面揭示了人的全面发展的科学内涵和历史必然性，论证了人的全面发展的途径和条件，确立了人的全面发展学说的科学体系。

（一）人的全面发展理论的基本内涵

人的全面发展理论是马克思主义的核心理论，也是“人”的研究与“发展”的研究中的重大问题，包含着丰富和深刻的内涵。

1. 人的需要的全面满足

人的需要的全面满足是衡量人的全面发展的重要标志。马克思认为：“任何人如果不同时为了自己的某种需要和为了需要的器官而做事，他就什么也不能做。”[④]从中可见，马克思认为需要是人的本能之一，决定了人的行为，人类社会的历史进程

① 马克思，恩格斯：《马克思恩格斯全集》，中共中央马克思恩格斯列宁斯大林著作编译局译，人民出版社 1958 年版。

② 马克思，恩格斯：《马克思恩格斯全集》，中共中央马克思恩格斯列宁斯大林著作编译局译，人民出版社 1958 年版。

③ 马克思，恩格斯：《共产党宣言》，陈望道译，上海书画出版社 2021 年版。

④ 马克思，恩格斯：《马克思恩格斯全集》，中共中央马克思恩格斯列宁斯大林著作编译局译，人民出版社 1958 年版。

就是人的需要不断得到满足的历史进程。

第一，人的需要具有多样性。马克思、恩格斯把人的需要大体上分为三种，即生存需要、享受需要和发展需要，它们构成了一个全方位、多层次的动态发展系统。人的每一次需要的满足，又会引发新的需要、新的实践，而新的需要的满足和新的实践的实现，又将引发更新的需要、更新的实践，如此循环往复以至无穷。

第二，人的需要具有层次性。恩格斯指出："在人人都必须劳动的条件下，人人也都将同等地、愈益丰富地得到生活资料、享受资料、发展和表现一切体力和智力所需的资料。"[①]可见，恩格斯认为，人的发展的过程就是按照层次递进依次满足自身生活需要、享受需要和发展需要的过程。

第三，人的需要具有发展性。科技的进步和社会生产力的发展，促使人们对物质和精神文化的需要不断提升，期盼有更好的教育、更稳定的工作、更满意的收入、更可靠的社会保障、更高水平的医疗卫生服务、更舒适的居住条件、更优美的环境、更丰富的精神文化生活。到了共产主义社会，人的物质需要和精神需要得到全方位的满足，从而使人提升到一个更加自由的生活境界，也实现了人的需要不断满足和人的全面自由发展两者的完美结合。

2. 人的社会关系的全面丰富

人的社会关系的全面丰富是实现人的全面发展的根本前提。人具有社会性，人的生存和发展离不开具体的社会关系，并且随着社会关系的变化而变化。人如何发展、怎样发展和发展的程度，根本上是由生产力和社会发展水平决定的，但同时也是由生产关系中占据主导地位的社会关系直接决定的。马克思认为："社会关系实际上决定着一个人能够发展到什么程度。"[②]可见，一个人的全面发展程度和社会关系

① 马克思，恩格斯：《马克思恩格斯全集》，中共中央马克思恩格斯列宁斯大林著作编译局译，人民出版社 1958 年版。

② 马克思，恩格斯：《马克思恩格斯全集》，中共中央马克思恩格斯列宁斯大林著作编译局译，人民出版社 1958 年版。

的丰富性是紧密相连的。只有具备丰富的社会关系，人才能够积极参与到经济、政治、文化、法律、民族、伦理、宗教、地缘和家庭等各种社会关系中，才能够获得信息、更新观念、增长知识、提升素质；也只有在丰富的社会关系中，人才能够由片面转向全面，逐渐摆脱已有的局限，认识不足，纠正差距，真正实现全面发展。

3. 人的能力的全面提高

人的能力的全面提高是实现人的全面发展的重要内容。只有实现了人的能力和素质的全面发展，才能为社会创造更多的物质财富和精神财富，进而更有力地推动社会的进步与发展，并在此过程中实现人的全面发展。人的能力和素质是多方面的，马克思“人的能力和素质的全面发展”主要是指“人的才能的全面发展，包括人的体力、智力、自然力和社会力等最大限度的发挥”。人的能力的全面发展首先是个人体力和智力的综合发展。马克思指出：“我们把劳动或劳动能力，理解为一个人的身体，即活的人体中存在的、每当他生产某种使用价值时就会运用的体力和智力的总和。”①体力是指人所具有的自然力，是人体活动时所能付出的力量；智力是指精神方面的生产力，是人们认识客观事物并运用知识解决实际问题的能力。人的能力的全面发展，不仅是人的自然力的进化，更主要的是人的社会力的充分发展。自然力是“作为天赋和才能、作为欲望存在于人身上”的那种力量；社会力是人在社会关系中通过学习、实践和锻炼形成的能力，其中生产力是社会力的重要组成部分，同时社会力还包括政治力量、思想力量、知识力量、道德力量、理想和信念力量，等等。

4. 人的个性的全面发展

人的个性的全面发展是实现人的全面发展的最高要求。马克思的“人的个性”是指“人们在逐渐的社会生活和实践中所产生的一种区别于他人的独特的心理与行为特征，是个人的私有财产”②。可见，人的个性是个体区别于他人的本质体现，人

① 马克思，恩格斯：《马克思恩格斯全集》，中共中央马克思恩格斯列宁斯大林著作编译局译，人民出版社 1958 年版。

② 马克思，恩格斯：《马克思恩格斯全集》，中共中央马克思恩格斯列宁斯大林著作编译局译，人民出版社 1958 年版。

的个性的全面发展是人的全面发展的最高体现。人的个性的全面发展包括主体性的全面提高和独特性的全面发展两方面。主体性的全面提高是指人在与客体相互作用的过程中所表现出来的能动性、创造性和自主性的全面提高。能动性是指人们能动地认识客观世界并改造客观世界的特性；创造性是能动性的最高体现，是指人们具有的对现实超越和突破的特性；自主性是指人能够“使这种力的活动受他自己控制”，也就是说，人们能够对社会实践和自我本身进行控制，它是人的主体性全面提升的最高表现。正如马克思所说，人的全面发展、人的自由个性只有到“外部世界对个人才能的实际发展所起的推动作用为个人本身所驾驭”的时候才能实现。人的独特性的全面发展是人的全面发展水平的重要体现。没有差异就没有个性，每个个体因为存在不同的需要，产生不同的动机，获得不同的发展，从而形成个体的独特性。马克思曾经在批判“粗陋的共产主义”时指出，“这种共产主义，由于到处否定人的个性，只不过是私有财产的彻底表现”[①]。马克思所追求的共产主义社会的新人是有着独特形象、独特人格、独特能力的人，是唯一的人，是真正实现了全面发展的人。

（二）人的全面发展理论对高校服务育人工作的启示

马克思关于人的全面发展理论是社会主义的价值目标，也是服务育人工作的价值目标，是党和国家确定教育方针和教育目标的重要理论依据。服务育人的功能与内涵在这一理论的引领下不断向前发展。

第一，目标引领。高校的服务育人，最终就是要在一系列服务工作中，落实立德树人的根本任务，助力实现人才培养的目标，人的自由而全面的发展就是高等教育的意义所在。大学生正处于价值观形成的关键时期，更需要在科学理论的引领下，提升自己的政治素养和综合能力。

第二，内容引领。人的全面发展理论强调，人的发展不仅包括物质需要的满足，

① 马克思，恩格斯：《马克思恩格斯全集》，中共中央马克思恩格斯列宁斯大林著作编译局译，人民出版社 1958 年版。

更包括精神需要的满足和人文素质的提高。服务育人正是要在日常生活与管理中，于潜移默化间提高学生的综合素质。党的教育方针和思想政治工作规律、人才的成长规律也表明，高校服务育人工作必须与学生的发展相结合，理应遵循学生的发展规律与特点，进行科学合理、有序有效的育人实践。另外，还要根据人的发展特点，引导学生学会自我管理和自我教育，保障学生自我发展与教育引导学生相互促进，真正将社会发展所要求的知识能力、价值观念、政治观点、道德规范内化为自身素质要求，外化为自觉行动，最终实现人的全面而自由的发展。

二、人本主义理论

（一）人本主义理论的育人内涵

人本主义于 20 世纪 50—60 年代在美国兴起，70—80 年代迅速发展，它既反对行为主义把人等同于动物，只研究人的行为，不理解人的内在本性，又批评弗洛伊德只研究神经症和精神病患者，不考察正常人的心理，因而被称为心理学的第三种运动。

该学派的主要代表人物是马斯洛（1908—1970）和罗杰斯（1902—1987）。马斯洛对人类的基本需要进行了研究和分类，将之与动物的本能加以区别，提出人的需要是分层次发展的。他按照追求目标和满足对象的不同把人的各种需要从低到高安排在一个层次序列的系统中，其中最低级的需要是生理的需要。

罗杰斯在心理治疗实践和心理学理论研究中发展出人格的“自我理论”并倡导“患者中心疗法”的心理治疗方法。他认为，人类有一种天生的“自我实现”动机，即个体发展、扩充和成熟的趋力，它是个体最大限度地实现自身各种潜能的趋向。

人本主义强调心理学应该研究人的本性、潜能、尊严和价值，强调社会文化应该促进人的潜能的发挥及普遍的自我实现。具体来说，人本主义中的“人”是指具有自然属性、社会属性和意识属性的统一的人，是集现实的人、社会的人、实践的人、自由而全面发展的人为一体的人。对于人本主义中的“本”，我们可以将其理解为基础、根源与归宿。那么“人本”之意，就是把人作为主体来看待，这可以从两方面来理解：第一，在人本主义中，人是一切活动的主体与前提。第二，人是目的而不是手段，在教育领域中，人本主义旗帜鲜明地倡导潜能论、全人教育和情感教育等。

马斯洛的潜能论是把自我实现作为教育的终极目标，认为一个人自我价值的实现包括两方面，既代表着人类共同追求的层面，如对创新、探索、与人为善、团结协作等方面的积极因素的实现，又代表着不同人有不同追求的层面，如对知识储备、社会地位等方面的个人潜能的实现。康布斯认为，个体的行为基本上是由他对自己和周围世界的知觉而定的，他强调要想改变一个人的行为，不能只从行为表现上加以矫正，而必须设法改变他的知觉或信念。他提出，教育的目的绝不仅限于教学生知识或谋生技能，更重要的是针对学生情感的需求，均衡其认知和情感的发展。罗杰斯则认为，要在不断变化的教育情境中，把学生教育成能充分发挥作用的人，他提出的“以学生为中心”的教育思想对教育产生了深远的影响。

（二）马斯洛人本主义理论的合理内核

马斯洛认为人类行为的心理驱力不是性本能，而是人的需要，他将其分为两大类、七个层次，好像一座金字塔，层次由下而上依次是生理需要、安全需要、归属与爱的需要、尊重的需要、认识需要、审美需要、自我实现需要。人在满足高一层次的需要之前，至少必须先部分满足低一层次的需要。第一类需要属于缺失需要，可产生匮乏性动机，为人与动物所共有，一旦得到满足，紧张消除，兴奋降低，便失去动机。第二类需要属于生长需要，可产生成长性动机，为人类所特有，是一种超越了生存满足之后，发自内心的渴求发展和实现自身潜能的需要，只有满足了这种需要，个体才能进入心理的自由状态，体现人的本质和价值，产生深刻的幸福感，马斯洛称之为“顶峰体验”。马斯洛认为，人类共有真、善、美、正义、欢乐等内在本性，具有共同的价值观和道德标准，若想达到人的自我实现，关键在于改善人的“自知”或自我意识，使人认识到自我的内在潜能或价值。

1.“人本质”思想指出了人的能力和个性的全面发展

马斯洛在《动机与人格》中曾谈到他对“人本质”的理解，他认为：“当我谈到人的需要时，其实我们在谈人性的本质。”① 以马斯洛为代表的人本主义理论整合了关于科学的大量事实，渴望通过考察人的需求状况，来探索人性论、价值论及人性论和价值论结合而成的科学观对个人和社会有什么新的美好可能。马斯洛期望通过人本主义理论来处理当代社会存在的一些突出的问题。他认为，当代的科学需要与现实中人的伦理和道德进行碰撞性的交流，才能摆脱传统思想的禁锢，达到质的飞跃。他极力推荐要像自然科学呈现事实证据那样，实证且严谨地对待人文价值。他要求价值研究不能只研究表象，还要深剖人性内部并立足于现实中的人成长的土壤环境。马斯洛人本主义理论的“似本能”与马克思人的全面发展理论的“生产与劳动相结合”的理论旨归与现实途径具有极大的相似性。

2.“社会发展规律”强调社会关系的全面发展

马斯洛人本主义理论的超然性打破了传统科学的堡垒，给个人的价值、个性、美、超越的欲求以施展的空间，并拓展了科学研究的范围，将科学与价值有机地结合起来。马克思的人的全面发展理论将人在社会中付出努力所得到的回报当作实现自身自由的最可靠的方法。马斯洛曾说过：“需要满足状态是支配人们活动的重要的内在因素（支配人们活动的因素还包括外在的社会环境因素），而不同类型的需要在支配人们的行为方面具有层次之分。历史唯物主义的这一重要原理显然与心理学的需求层次理论是密切相关的。”② 这意味着马斯洛的人本主义理论是从微观心理学的层面

① 马斯洛：《动机与人格》，陈海滨译，江西美术出版社 2021 年版。
② 马斯洛：《动机与人格》，陈海滨译，江西美术出版社 2021 年版。

把握社会发展规律和人的全面发展关系的，而马克思人的全面发展理论则是从历史微观的角度出发，显得更为全面和深刻。

关于“需要”理论，马斯洛的人本主义理论提出个人的主观努力是不全面的，社会体制的现状及集体发展目标、客观社会发展规律不容忽视。他认为人只要保持住自己的独立性，就可以逐步挖掘出自身的潜能。马克思在他的博士论文中，也利用大量论据反复论证个人需求对于文明发展的重要性。马斯洛人本主义理论的逻辑重点是个人发展是社会发展的前提条件，而马克思人的全面发展理论则认为社会的全面发展是个人多种需要得到满足的客观条件。

（三）人本主义理论对高校服务育人工作的启示

马斯洛所建构的理想人格特点与奥尔波特的健康人格、弗洛姆的生产性人格、罗杰斯的功能充分发挥作用的个人等人格心理学的结论颇为相似。由此可知，马斯洛人本主义理论不仅在实际生活领域，而且在理论层面也得到了全面的重视和继承。何以见得马斯洛的人本主义理论有如此大的影响力？在马斯洛看来，人具有两种本能，分别是本能与似本能。似本能不是天生就有的，而是一个人经过后天长期艰苦的学习获得的。这对高校思想政治教育和服务育人工作有重要启示。

高校思政教育的对象是学生，是具体的、鲜活的、现实的人，根据大学生的年龄发展特征，其已具有独立判断的自主意识，因此，高校思想政治教育者应认识到学生的主体地位，以引领、引导为原则，充分尊重并发展学生的主体意识。

具体到服务育人领域，更应回归人的本质。第一，工作的理念相一致。教育者要善于发现学生的价值，于各项育人工作中增进学生对价值的自我觉察和认同，并鼓励学生分析自己的行为和信念的关系，纠正并提升价值观，从而增强育人效果。第二，人本主义所倡导的情感教育与服务育人所体现的理念相契合。高校在服务育人工作中，不仅要考虑学生学习生活的基本需求，还要关注他们在情绪、情操、态度、道德及价值判断方面的情感需求。第三，“以学生为中心”的思想促使教育者将学生视为教育的主体,并与学生培养良好的人际关系,更好地促进学生的成长。总之,在服务育人工作中，高校要适应时代的发展，坚持“以人为本”的理念，尊重学生的主体性，重视其内在导向，只有满足学生成长发展的需求，才能真正激发学生的能动性和积极性，自觉探索新领域、新知识，才能发挥主体成长的最大潜能，从而实现理想并自我超越，彰显高校服务工作的育人功能。

三、隐性课程理论

（一）“隐性课程”的概念界定

美国教育学者杰克森（Jackson）（1968）在其撰写的《教室生活》[①]一书中，第一次把“隐性课程”作为独立的学术名词。此后，世界学者开始从多个角度来界定“隐性课程”的概念。简・R. 马丁（Jane R.Martin）（1976）认为，“隐性课程”应该包括校内和校外两方面，且处处与习得相关，只有被习得的那部分教育环境产生的结果才是“隐性课程”。玛格丽特（Margaret）(1978)则将“隐性课程”限制在学校内部，他认为学校产生的一种与社会工作相关的价值观和思维模式。国内学者陈伯璋也将“隐性课程”置于学校环境内部，将其定义为无论是以物质形态还是文化形态传递的知识、价值或态度等皆为隐性内容。靳玉乐在《潜在课程论》中给出了较为完整的定义：“隐性课程是学校通过教育环境（包括物质的、文化的和社会关系结构）有意或无意地传递给学生的非公开性的教育经验（包括学术的与非学术的）。”[②]陈满、帅斌认为，“隐性课程”是一种涵盖学校文化的环境信息，它能通过各个层面让学生接受这些信息，在“文化心理”方面产生无意识的影响。[③]季诚钧在其所著的《大学

① Jackson：Philip W. Life in classrooms.Holt Rinehart and Winston，1968.

② 靳玉乐：《潜在课程论》，江西教育出版社 1996 年版。

③ 陈满，帅斌《隐性课程对学生产生影响的作用机理探微——隐性课程建设相关理论系列研究之》，《科技进步与对策》，2003 年第 15 期，第 44-46 页。

课程概论》中将“隐性课程”界定为“一种课程形式”，和正规课程或显性课程相对应，凡正规课程明确的内容，都不属于隐性课程的范畴。隐性课程往往对价值、态度、信仰、情感、服从、社会交际技能等非学术性内容比较具有影响力。季诚钧将隐性课程概括为“它是学生在课堂内外无意间习得的经验”。由此可知，隐性课程主要限定在学校范围之内的生活世界，如学校文化、学校或班级结构、社会关系等，且它对学生所施加的影响是无意识的。

对高校而言，隐性课程主要包含学校办学理念、校园建设、校园人文景观、校园文化、人际关系、领导层思想、品德、作风、操守，以及学校各职能部门的服务水平与服务态度等。如果上述各隐性因素是正面的、积极的，那么将引导学生形成正确的世界观、人生观、价值观；如果上述各隐性因素是负面的、消极的，那么将诱导学生形成自私自利、损人利己、毫无奉献精神和责任感的失败人格，这是教育的失败。也就是说，高校显性课程直接传授学生做事的知识与技能，而隐性课程则培养学生做人的基本道德、品格与素质等。就这点而言，政治理论教育无法使取代隐性课程，甚至可以说，前者远不如后者效果突出、影响深远，隐性课程教育往往影响人的一生。

（二）隐性课程的作用

1. 价值导向的作用

所谓价值导向就是学生对善与恶、是与非、美与丑的理解和掌握，并由此形成的价值观及对事物的判断能力。学生长期生活在学校环境中，从精心设计的校园物质环境到学校历史文化传统，从集体的学校规范到校园风气，从教师的师德到日常的行为，从高校校园的规划到每一间教室的装饰、设计等，皆隐含着高校隐性课程，这些隐性课程的载体，每时每刻都在向学生渗透隐性德育，起到价值导向的作用。

通过在高校的校园中设立名人和学者石像，在教室及楼道中张贴名言警句，在校园中宣传校风校训，在学生日常学习生活范围内设置橱窗宣传学生守则、校园管理规定等方式，学生在潜移默化中了解高校精神的精髓、高校倡导和追求的价值目标。校园里丰富多彩的文化活动、特有的文化氛围、教师的言行仪表等都会潜移默化地对学生起价值导向作用。

2. 提升学生综合素质的作用

以往高校的品德教育，是以既定的统一标准面向全体学生实施的，因缺乏针对性，教育成效一般。新时代下，高校教育应“以人为本”，即尊重学生的个性，承认学生的差异，关注学生的全面发展。隐性课程教育是实现“以人为本”品德教育的重要途径。学生的综合素质不仅包括专业知识和技能，还包括品德状况这一重要方面。通过课程、活动等各种隐性课程载体，隐性课程以其活动空间和时间的自由性、组织形式的多样性、思想内涵的丰富性为大学生提供了发展的平台，学生们可以利用各种资源、抓住各种机会不断挖掘潜能，锻炼自己，发展自己，完善品格，提高自身的综合素质。

3. 完善高校品德培养机制的作用

隐性课程将德育目标隐藏在课程、活动等多样的载体之中，与内容相对枯燥、学生不易接受、教育效果欠佳的显性课程相比具有一定的优势。不可否认的是，隐性课程本身也存在一定的局限性。因此，要培养学生良好的品德并提高高校德育的实效性，就要将隐性德育与显性德育结合起来，利用各自的优势和特点，克服单一运用的不足，使隐性课程与显性课程互相配合，共同作用形成合力，完善高校品德培养机制。

（三）服务育人中的隐性课程元素

长期以来，人们把高校行政、后勤、教辅等工作视为纯粹的服务与管理，认为只要做好师生、员工的学习生活保障工作，使大家基本满意，就大功告成了。殊不知高校服务工作摊子大、头绪多、环节复杂、工作烦琐，每一项工作都直接与师生员工的生活密切相关，如水电供应一刻不能断，伙食供应一顿不能少。当宿舍漏水、卫生间堵塞、电线出现故障等时，修理工能否在第一时间到位，能否在最短的时间内解决好，这些看似是小事，但若出现问题就会给师生、员工带来诸多不便，成为影响教学、生活秩序的大事。

随着社会的进步和“三全育人”综合改革的深入推进，越来越多的高校对服务育人提出了新的要求，传统的服务工作已经不能满足师生的需求和学校发展的要求。季诚钧提出“大学隐性课程是由一系列要素组成的，这些要素可分为三个方面：在物质层面上，包括学校建筑及设备，也包括各种建筑的内涵、造型、风格、色调和品位，还包括各种设备的技术、性能、功能、效率等；在行政层面上，包括学生间的交往、教师间的交往、服务人员与师生的交往、教师与家长的交往、社区与学校的交往等；在制度层面上，包括学校的管理体制、学校的组织机构、班级管理方式、社团运行方式等，还包括办学理念、校风、教风、学风、学校文化氛围等方面”。因此，高校德育工作不仅是教学科研单位的任务，也是党群部门、行政单位、直属单位等服务部门的重要工作。大学隐性课程是服务育人工作中不可或缺的重要组成部分。

高校服务育人工作者的态度正面临关键转变和提升，这种转变体现在高校服务育人工作者要把自己的工作过程看作在没有黑板和固定教室实施的教育过程，把自己看作不上讲台的教师，通过自己的工作教育学生如何明德立志。因此，高校服务育人工作者要形成隐性育人的“课程观”，要树立作为高校隐性课程建设者的使命感和责任感，以新的要求不断提升自我。

第三节　新时代高校服务育人的功能与特点

一、新时代高校服务育人的功能

（一）服务过程的引导功能

在服务行业中，顾客经常参与服务传递过程，“过程就是产品，产品就是服务”。在高校，服务保障职能部门提供服务的过程就是师生参与服务传递的过程，也是师生使用或消费产品的过程。服务工作者的工作态度、工作作风、劳动技能、语言表达、外表形象，无一不影响、感染着服务对象。所有这些都通过“显性”和“隐性”两个层次来实现育人的功能。

显性层次是指服务工作者外在的服务行为、服务形象、服务环境、服务规范等，如服务工作者上岗时，能做到操作规范准确，着装统一整洁，举止文明、热情、礼貌、和气，语言表达通俗、准确、简练，在面对服务对象时，能缩短与服务对象的心理距离，赢得他们的认同、信任、尊重、理解、谅解、支持与帮助，形成温馨的校园氛围，建立良好的人际关系，同时能引导学生注意语言美、行为美、仪表美等，有利于学生养成各种文明、良好的学习生活习惯。

隐性层次是指服务工作者的所有活动都在潜移默化中对学生产生积极的、有益的影响，使之树立正确的世界观、人生观、价值观，以及良好的社会心态和精神风貌。如服务工作者在服务过程中表现出尽职尽责、热情周到、关怀体贴，想他人所想、急他人所急的工作态度，就能够激发学生关心他人、团结友爱、助人为乐、热爱集体、尊师爱校、乐于奉献的道德情感。

（二）服务环境的感染功能

教育学原理认为，遗传、环境和教育是影响人类发展的三大因素。遗传只是提供人身心发展的可能性，而环境和教育才使这种可能发展为现实并规定着其发展的方向和内容。因此，环境对人发展的作用不可忽视。马克思在关于人的活动与环境相一致的哲学原理中强调，在人的成长过程中，其心灵、品德、意志的形成，语言行为及习惯的养成，都受环境的感染和熏陶。高校服务环境主要包括服务硬件环境、服务市场环境、服务文化环境等。高雅的环境能陶冶情操，帮助学生树立崇高的理想、正确的审美观念和健康的审美情趣，使学生能够按美的规律来美化自身和改造客观世界。健康充实的校园文化环境，还能使学生在思想品德、行为规范等方面受到潜在影响，使其形成正确的世界观、人生观、价值观和相对稳定的、特有的校园心理因素。

（三）服务条件的保障功能

条件是制约和影响事物存在、发展的外部因素，条件的好坏对各项服务和保障起基础性作用。完善的服务设施既是做好服务工作的基础，又对学生的精神文明起积极的促进作用。学生在校首先要吃、喝、住、行，然后才能从事学习、科研等活动。现阶段，我国高校基础服务社会化的程度相对于世界发达国家还比较低，学生的学习、生活都要依靠学校提供保障，如果就餐条件差、宿舍拥挤、环境脏乱、水电不能正常供应，学生没地方自习、没有场所进行娱乐活动，想要培养高质量的人才是很难的。大学生在校期间大部分时间是在宿舍、图书馆、教室、食堂、文体活动室等公共场所度过的，与服务工作者接触的时间最长。高校服务工作的全过程，必须围绕服务育人这一中心，在人力、物力、财力等方面加大投入力度，努力创造条件，不断改善学生的学习、生活环境，寓教育于优美和舒适的环境中。

（四）服务成效的放大功能

服务成效是指服务管理、服务活动取得的成绩和效果。服务成效的放大作用是指在社会快速发展、信息交换便捷、人与人的联系更加紧密的今天，服务工作所产生的影响会在瞬间传播开来，其产生的影响远比结果本身更加深远。

服务工作永无止境，在高等教育大众化的背景下，随着高校基础服务社会化改革进程不断推进，高校服务部门不断研究师生需求并努力满足其需求，与此同时，师生新的需求仍不断涌现，服务的提供和需求的增加成为矛盾的统一体，这就要求服务工作者在看到成绩的同时清醒地认识到存在的不足。每一位服务工作者在服务过程中的亲切微笑、文明行为、爱岗敬业精神都会给学生留下良好的印象，而这一切将潜移默化地影响、感染、引导体验服务过程的学生，再通过这些学生影响到周围的同学。所以，在服务工作中，要时刻注意服务成效的放大作用，力争做到以小见大、于细微处见真情。

二、新时代高校服务育人的特点

（一）育人途径的潜在性

育人途径的“潜在性”也可理解为“隐性”，即与“显性”相对。顾名思义，显性的育人方式比较直接，目标明确，显而易见，这种方式开门见山，能够很快地为学生所理解。与之相比，隐性的育人方式则显得更委婉，不易被学生察觉，要发挥隐性育人方式的作用，常常需要借助一些外界力量，如以人或物为代表的显性的客观存在。“隐性要素”的种类各样、数量繁多，如各种规范制度、学习和生活环境、校园文化氛围等，它们对大学生行为习惯养成、生活经验积累、思想道德观念形成的影响时刻存在，只是在绝大多数情况下“隐性育人”的效果不及“显性育人”那样容易被人察觉。

可以说，隐性育人在一定程度上是一种无讲台教育，它更加注重以情感人、以情动人、以情育人，让受教育者在一种无意识的状态下，受到活动的熏陶、情境的陶冶、环境的浸润。这种无形的教育能够达到人心的教育功效，使受教育者在“润物无声”的教育情境中自主接受教育。心理学研究表明，灌输的教育方式或过于明显的诱导性的教育方式，会让受教育者感觉自己的选择自由受到限制，进而激起他们对这种信息的抵抗，产生一种“自身免疫效应”。

隐性育人却能很巧妙地拮抗这种“自身免疫效应”。隐性育人通过开展丰富多彩的活动，挖掘活动中蕴含的德育资源，通过交往和对话来培养受教育者，使其具备良好的思想道德修养。它能够在不知不觉中把信息传递给受教育者，从而实现人的思想的转化。隐性育人的一个显著特点就是非强制性，它更注重促进受教育者发挥他们的主观能动性，使受教育者以一种自发的状态在不知不觉中接受教育。

当学生在翠绿的树叶与艳丽的花儿交相辉映、不时有阵阵幽香扑鼻而来的湖边小路上小憩的时候；当学生清晨在食堂享受营养可口的早餐的时候；当学生在窗明几净、宽敞明亮的教室里汲取知识的时候；当学生很晚回到宿舍，仍有宿管阿姨等着开门的时候……他们会体会到服务工作者在背后的默默付出，尽管从不曾宣扬，更不曾邀功，但无声的优质服务会让学生体会到人文关怀，体会到关爱。

（二）育人工作的广泛性

高校服务育人的广泛性是由两方面决定的：一是学生的学习、生活、文体活动等与后勤服务工作密切相关，学生每天都要接触服务工作者。二是图书馆、体育馆等服务部门的每项服务工作、每个服务人员都会与学生有所接触。

服务育人既蕴含在一切教育活动中，又隐藏在每一寸校园环境里。它突破了时空的限制，影响受教育者学习和生活的全部，在各种正式和非正式场合都有它的身影，就连“学校的墙壁都在说话”。服务育人存在于校园的每个教育环节，伴随着每次人际交往，蕴藏在每个角落，体现于每项制度，无所不在，无时不在。它就像是流动在校园里的一股特别的空气，不动声色，但影响却真实有力。

归根结底，高校的服务育人工作与在校师生的方方面面都有关联，服务工作范围的广泛性，意味着在提供服务的过程中，有更多的机会、更多的领域对学生的思想、行为产生影响。

（三）育人时间的持久性

高等学校大多数属于寄宿制学校，学生在校期间学习、科研、文体活动、住宿、饮食、洗浴、购物等活动都离不开管理服务的支持，可以说每位学生无时无刻不在接受着管理与服务。高校服务育人是一项常抓不懈的工作，要依靠严格的管理规范，将服务与育人功能有机融合，通过营造良好的环境氛围施以影响，从而达到育人效果。俗话说："十年树木，百年树人。"教育作为一种培养人的社会实践活动，其成果不是一蹴而就的，而是一个潜移默化、春风化雨的过程，需要循循善诱、言传身教，更需经过长期的积淀。心理学巨匠威廉·詹姆士说："播下一个行动，收获一种习惯；播下一种习惯，收获一种性格；播下一种性格，收获一种命运。"[①] 服务育人工作贯穿大学生整个大学生涯，不仅关乎学生的学习与生活，而且影响高校教育教学、科学研究的开展。

（四）育人过程的实践性

学术性较强的课堂教学过程，主要以教师课堂口头讲授的形式传授科学文化知识、劳动技能和进行思想道德教育，以实现教学目标。与之相对的是非学术性的教育形式，它主要通过课堂教学过程中的示范和引导，对学生进行道德教育。具体是指教师在传授专业知识时，其工作认真的态度、治学严谨的程度及道德品质，甚至一言一行都会对大学生的心理产生影响，进而起到价值引领作用。正如孔子所说："其

① 威廉·詹姆士：《实用主义》，李步楼译，商务印书馆 2017 年版。

身正，不令而行；其身不正，虽令不从。”① 在高等教育阶段，大学生虽已具备了部分民事行为能力，但其心智尚未完全成熟，思维模式尚未系统形成，仍具有很强的可塑性。高校教师的言语行为会引起学生的效仿，从正面影响而言，会促使大学生在价值观、生命意义、人格塑造等方面朝着积极的方向发展，这种示范性的作用不一定立竿见影，但久而久之，会发生质的变化，从而产生深远的影响。

服务育人的内容并不具备知识的系统性和学术性，而是贴近生活、符合实际，具有很强的实践性特征。在学习环境、生活环境和校园文化氛围营造的过程中，高校应通过建立健全规章制度，以服务工作者爱岗敬业的精神、热情周到的服务来感化学生，让学生感受到人文关怀，从中受到启发；应采用科学、规范的管理模式，使大学生自觉养成良好的生活习惯。

（五）育人形式的多样性

服务育人工作内容的多样性，决定了其育人方式的多样性与灵活性。服务育人形式主要有以下三类：

第一类是大学生通过感官能够感受到的形式，如优美宁静的校园、俊美书香的图书馆等，这些会给人以美的享受，促进大学生审美意识与审美观的形成。又如，在教学楼里见到诸如“学习刻苦、认真钻研、尊师重教”等名言警句；在公共水房里看到类似“节约用水，珍惜水资源”等节水标语；下雨天在宿舍门口看到“雨雪天气，当心路滑”等温馨提示，都会在潜移默化中对学生的言谈举止产生影响。

第二类是参与式的实践形式。通过亲身实践，大学生会加深对事物、观念的感知度，从而悟出蕴含的道理。例如，让学生参与到后勤事务性的管理中，协助宿舍管理员进行宿舍卫生检查与评比，协助图书馆管理员完成书库管理等。学生参加服务实践的意义在于，体会管理工作的性质和作用，加深观念上的认识，锻炼能力，培养规范化意识。

① 出自《论语·子路》。

第三类是通过言语、行为等无形的精神力量间接感染的形式，如以优质的服务感染学生，以勤恳、务实的工作态度感染学生，以克己奉公、廉洁自律的品质感染学生等。

此外，还有诸如公益讲座等多种形式的育人方式。服务工作者应当勇于思考、敢于创新，创造性地开展育人活动，为大学生的身心健康、正确行为习惯的养成尽微薄之力。

（六）育人效果的深远性

高校服务育人工作应秉承服务育人、管理育人和环境育人的准则来实施具体行为。教辅、后勤从业人员是育人工作开展过程中的主要力量，担当着重要的角色。员工在衣着、面部表情、工作态度、专业技术水平等方面呈现出的良好的状态与积极的精神风貌等，会在学生的内心留下印记，有利于促进学生健康情感和良好习惯的形成，从而实现服务工作育人的目的；反之，若服务人员消极怠工、不按时上下班、服务态度差，则会对学生产生消极的影响。这说明，构建一支高素质的管理和服务团队十分重要。

服务育人从某种意义上说就是一种情境教育、实践教育和体验教育。杜威认为，学校是学生道德培养的实验室，学校既要健全道德实践的环节，也应建设道德实践的场所。服务育人对发展道德认知中的道德判断和道德思维能力有天然的优势，对道德情感和道德意志的发展作用更大。服务育人使受教育者通过无意识、非特定心理反应接受道德影响，其自然习得的过程更符合情感体验的需要，更易激起受教育者内在情感的运动，产生情感的共鸣。服务育人的陶冶功能使受教育者能在自然轻松的状态下受到熏陶和感染，更能产生持久、深刻的影响，形成坚定的道德意志。

第二章　高校服务育人现状分析

第一节　新时代高校服务育人的要求

“新时代”是中华民族从站起来、富起来到强起来，面貌发生前所未有变化的伟大时代；是中国特色社会主义道路自信、理论自信、制度自信、文化自信不断增强，并走向成熟的伟大时代；是中国国际影响力、感召力、塑造力不断提高，日益走近世界舞台中央，为解决人类问题贡献中国智慧和中国方案的伟大时代。而教育作为民生之本、强国之基，在新时代背景下应该对其提出新的要求。新一轮的高校教育改革已将“立德树人”摆在十分重要的地位，高校作为人才培养的重要单元和实现中华民族伟大复兴的智力高地、人才高地，亟须构建“立德树人”和“三全育人”的思想政治教育大格局，这对当代大学生形成社会主义核心价值观、增强国家的核心竞争力具有十分重要的意义。而“服务育人”是高校思想政治教育的重要组成部分，研究与探讨高校服务育人工作的相关内容，提出提高服务育人质量的有效建议，是对高校德、智、体、美、劳教育的重要补充，有利于培养高校学生形成良好的生活习惯和生活作风，以及树立正确的人生观、价值观，也有利于其形成良好的核心价值体系。因此，服务育人工作越来越受到高校的重视。

一、高校发展面临的新形势

新时代背景下高校发展面临新的形势，国家对于教育事业也愈加重视，因此，必须明确当下高校发展新的定位和新的使命。中国要走好教育强国之路，就必须在国际视野下看我国的教育事业有没有影响力、有没有感召力、有没有塑造力，是不是开始走近世界舞台中央，在世界高等学校建设发展中有没有中国声音、中国元素、中国方案。

（一）高校在建设与发展方面面临的新形势

随着社会发展和教育改革的不断深化，各行业对人才的要求逐渐提高，对优秀人才的需求不断增大。新时代背景下高校在建设与发展方面主要面临以下三大新形势：

第一，在全球化的影响下，高校面临提高国际化发展水平的新形势。当前，在教育国际化的影响下，高素质人才流失、教育商业化发展气息加重等问题逐渐显现。为此，我国高校必须树立全球化的教育思想，努力提高国际化教学水平，创造国际化教学环境，适应教育国际化发展新形式。

第二，在市场经济发展的影响下，我国高等教育的建设与发展面临产业化发展的新形势。一方面，高等院校中民办与独立学院的数量正逐渐增多，规模也逐渐扩大，这两类学院的成立与发展有利于培养专业技能较强、适合当地建设发展需求的人才。另一方面，校办企业及大学科技园作为高校产业化发展的重要内容，其数量不断增加。高校创办校园企业与科技园，既能加强创新人才培养，又能实现创收，拓宽高校的资金来源渠道。

第三，当今时代是科技高速发展的创新时代，高校发展面临教育科技化发展的新形式。高校的科技研究作为我国科研的重要组成部分，必须实现创新发展，即高校必须提高科技化的教学水平，培养高素质的科研人才。此外，高校教育必须加大科研力度，提高科技化发展水平。

（二）高校在管理方面面临的新形势

新时代背景下，高校在管理方面面临的新形势主要表现在以下三个方面：

第一，管理体制面临的新形势。新时期，高等教育管理体制建设应符合新形势的要求。首先，高校管理应更加民主化。在建立体制时必须将“以人为本”的管理理念贯彻其中，将全校师生纳入学校监督管理体系，这样就可以建立较为全面、高效的内部监督体系。其次，将师生意见作为校园管理的重要依据。再次，政府教育管理部门应实行简政放权政策，扩大高校的自主管理权力，加大管理体制改革力度。最后，在加强法治建设的新时代，高校管理体制建设的新形势是法治化管理。

第二，班级管理面临的新形势。首先，班主任在高校中的管理工作亟须创新。作为班级管理的重要成员，班主任应及时转变传统的管理理念与方式。比如，由原本的“上下级”式的管理方式转变为更为平等的以朋友的身份对学生进行引导式的管理，充分扮演“良师益友”的角色。其次，辅导员管理制度的实施在一定程度上减轻了班主任的管理负担。辅导员在班级管理中发挥的作用越来越大，他们主要负责学生的日常生活、班级建设、学生的心理引导等工作。照目前的发展形势看，辅导员管理会逐渐发挥出更大的作用。最后，学生的自我管理变得愈发重要。学生进行自我管理不仅可以培养其自律能力及团队协作能力，还有助于提高班级管理的民主化水平。

第三，财务管理面临的新形势。作为高校管理中必不可少的一部分，财务管理直接影响着高校各项活动的运行状况。首先，高校的财务管理人员必须明确财务管理工作的实质与重要性，在管理过程中提升服务意识，充分发挥自身在高校管理中的作用。其次，高校必须在健全财务管理制度的同时制定科学、高效的财务管理制度，提高财务管理的效率和水平。此外，应适当地提高财务管理的灵活性，使其更有效地解决学校管理中出现的各类突发情况。最后，由于新时代背景下人们更追求公平与公正，因此高校的财务管理应尽可能公开透明。

二、高校服务育人面临的新形势

党的十八大以来，党中央高度重视高校思想政治工作，坚持立德树人。“服务育人”作为高校思想政治教育的一部分，越来越受到高校的重视。目前，国内各高校均面临如何构建服务育人新体系、提高人才培养质量，以适应国内外形势和我国高等教育形势发展需要的重大课题。

（一）新时代高校服务育人的工作背景

在经济全球化、社会信息化、文化多元化的复杂社会背景下，青年学生的价值取向、生活方式及思维方式等都发生了巨大的变化，高校学生在校园生活中的需求也在不断地发生变化，这使得现代大学教育工作面临巨大的挑战。高校服务育人工作作为高等教育的重要组成部分，作为大学课堂教育的重要延伸和补充，在促进大学生全面发展、促进我国高等教育事业发展等方面发挥越来越积极的作用。现代大学的服务育人保障部门已成为高校全面落实立德树人根本任务的重要阵地，而服务育人正是落实立德树人根本任务的重要途径。2016 年，中共中央、国务院印发《关于加强和改进新形势下高校思想政治工作的意见》，该文件指出：“坚持全员全过程全方位育人，把思想价值引领贯穿教育教学全过程和各环节，形成教书育人、科研育人、实践育人、管理育人、服务育人、文化育人、组织育人长效机制。”2017 年 12 月，中共教育部党组为落实十九大精神，印发了《高校思想政治工作质量提升工程实施纲要》，该实施纲要详细规划了课程、科研、实践、文化、网络、心理、管理、服务、资助、组织“十大”育人体系的实施内容、载体、路径和方法，并明确了“服务育人质量提升体系”等“十大”育人体系的基本任务和主要内容，要求在学校层面梳理各岗位育人元素，融入整体制度设计和具体操作环节，形成可转化、可推广的育人制度和模式。从“三育人”到“七育人”，再到“十育人”，思想政治教育始终是高校育人的题中之意，服务育人也成为思想政治教育的重要组成部分。因此，高校思想政治工作服务育人机制研究是人才培养的必然要求，是新时代大学生教育管理的工作要求，是"三全育人"工作的实际需要。2018年5月，教育部办公厅《关于开展"三全育人"综合改革试点工作的通知》提出高校思想政治工作要形成全员全过程全方位育人格局，切实提高工作亲和力与针对性，着力培养德智体美全面发展的社会主义建设者和接班人，着力培养能担当民族复兴大任的时代新人。随着信息时代的到来，大学校园外部和内部环境的变化越来越快，既往的高校后勤管理体制和服务体系已经不能满足师生、员工日益多样化的需求，现代大学服务育人工作亟待改进和完善。研究与探讨高校服务育人工作的相关内容，提出提高服务育人质量的有效建议，是对高校德、智、体、美、劳教育的重要补充，有利于高校学生形成良好的生活习惯和生活作风，以及树立正确的人生观、价值观，也有利于其形成良好的核心价值体系。

自20世纪90年代以来，我国高等教育领域掀起了改革浪潮，为更好地保障高校教学科研的需求和回应师生更高的服务诉求，高校服务育人部门逐步进入社会化改革阶段。随着社会化改革进程的不断深入，服务育人相关部门的保障和管理模式改革已经成为高校体制改革的趋势之一。高校服务部门不仅要提供校园环境维护及公寓管理与餐饮等服务，还要负责学校的安全管理、基本建设、水电管理，这就使得高校服务部门在一定程度上依赖于社会化的改革和先进设备的引入，以提供更优质的服务。引入社会企业就会使得更多的利益博弈意识在无形中渗透进服务机制中，也会在一定程度上淡化高校服务育人的观念，冲击高校服务部门的育人属性，在客观上形成经济效益和社会效益之间的矛盾。随着高校社会化改革的逐步深入，高校服务育人体制内的工作人员数量不断减少，服务育人的管理体制和理念处在新旧交替的历史时期，这就要求高校继续增强服务育人意识，提高服务育人的能力，使高校的服务属性与育人属性有机结合，确保服务育人功能有效落实。在介入优质社会服务资源的过程中，校企双方要基于不同的角色地位和利益取向，在不同程度上做出利益让渡，逐步摸索并制定出在服务育人工作中各自的职责范围。随着国家宏观政策的调整及现代大学建设的发展，校企合作、产教融合和协同育人成为新时代的要求，包括服务育人在内的高校各领域都在积极探寻并持续推进不同领域的校企合作，形成育人合力，共同提升育人效果。因此，研究与探讨高校服务育人相关内容有利于完善高校的管理体系，深化高校社会化改革，保证高校工作的正常运行和稳定发展。

（二）服务对象的新变化

教育关乎国计民生，高等教育是人才培养的核心领域。我国高校学生培养模式正经历着从精英人才培养向复合型人才培养转型的特殊时期，随着高等教育的快速发展，教育资源不足的问题严重，引入社会企业，使其参与高校服务育人工作成为高等教育发展的重要方向之一。新的时代特征及社会主要矛盾变化对现代大学育人工作提出了新的挑战，赋予服务育人工作新的任务，同时服务育人工作的直接对象也是最主要的对象——高校学生也对服务育人提出了新的要求。大学生是高校服务育人共同体的三大主体之一，服务育人的目标是将他们培养成为具有“勤俭、坚韧、健康、向善、诚信”的品质，德智体美劳全面发展的高素质人才。育人活动是为了促进高校学生的健康、自由、全面发展，是以培养、完善、提高高校学生的全面素质为目的，有计划、有系统地将社会的要求转化为受教育者的内在需要，促使其身心发展的教育活动。

1. 服务对象所面临的就业市场需求的变化

随着高等教育从“精英教育”向“大众教育”转型，学生群体能力在各个维度上更加分散，学生的职业发展趋向及与此相关的能力需求也愈发分散。这意味着分层的高等教育系统内部将进一步分化，不同类型的院校、不同学科和专业的培养单位需要更多地了解劳动力市场的需求。在一些前沿领域，每年有 1/4 的技术将会过时，也就是说，一名大学生所学的技术在毕业时可能就已经被淘汰了。随着我国改革开放事业的日益深化，新的职业种类层出不穷，传统职业的消亡和迁移方兴未艾，而且这种发展变迁的态势还将继续下去。如今，信息产业异军突起，传统行业的变动、重组及新兴行业的出现和兴起，将为社会提供更多新的就业岗位，这就使大学生在就业时面临前所未有的变局：一是专业完全对口的岗位越来越少，二是职业变动的可能越来越大，三是行业特征不像过去那么鲜明，四是岗位所需的知识和技能更新周期短，复合程度提高。另外，随着社会主义市场经济的深入发展，我国的市场经济法制体系初步建立，市场环境逐步有序；由于形成了买方市场，消费者对于企业经营的影响越来越大。企业为了生存和发展，必须遵守国家法律，遵守市场规则，强化为顾客服务的理念，重视产品的科技人文内涵。这些使得用人单位在招聘人才时不再只以专业素养为标准，而是更多地考虑以下综合素质：

（1）思想道德素质

从近几年人才市场和就业形势反馈的信息来看，很多用人单位更加看重“德才并举”，在选拔人才时呈现出“重才更重德”的倾向，即坚持把思想道德素质放在选人标准的首位。因此，政治思想素质高且具有较强事业心、责任感及乐于奉献的大学生无疑成为他们的首选。思想道德素质包括以下几个方面：

① 政治素质。作为我国思想道德素质的第一要素，政治素质变得越来越重要。政治素质不仅表现在对政治立场、政治观点方面的远见和洞察力，还表现在对社会发展趋势的敏锐性、对国家宏观政策的预测和把握能力，以及运用思想政治理论来分析、解决实际问题的能力。正如企业界流传的一句话“政治头脑是利润的源泉”所说，政治不仅对经济、政策和经营的影响深远，一个有政治头脑的大学生对企业

的生存发展也至关重要，因而不少有远见的组织领导往往把政治素质作为选拔培养人才的第一要素。

② 事业心和责任感。由于中国人格外崇尚“天行健，君子以自强不息；地势坤，君子以厚德载物”的思想，因而我国高校强调培养有事业心、责任感、爱岗敬业、乐于奉献的人才。此外，许多招聘单位招用高校学生的标准，一是要业务精，二是要为人诚。这里的“诚”既包括对所从事事业的“诚”，也包括对所属单位的“诚”。

③ 乐于奉献的奋斗精神。面对新形势，高校学生不仅要树立远大的志向，勇敢地接受社会变革的检验，发挥自己的聪明才智，时刻铭记把个人理想与社会需要、国家的命运相联系，带着愿意吃苦、愿意奉献的精神自觉到祖国最需要的地方去，而且对待工作要展现出踏踏实实、认真务实的优良作风，而不是好高骛远、眼高手低。因为精明只能赢得一时的利益，只有脚踏实地地耕耘，才能成为做大事的实干家。

（2）文化素质

随着信息时代的不断发展，社会科学与自然科学相互交叉渗透，这就要求高校学生不仅要能熟知多门学科的文化知识，还要具有知识面广、适应性强和创造力丰富的通才素质，即要同时具备渊博的知识和良好的知识结构。

渊博的知识要求有宽厚扎实的基础知识、广博精深的专业知识和大量的新知识储备；良好的知识结构包括基础知识结构、专业知识结构和动态知识结构。基础知识结构应该宽厚广博，包括自然科学、社会科学的基本知识，即不仅要学哲学、懂历史、了解社会，还要学习有关市场经济的知识及法律常识。专业知识结构包括专业基础理论、研究方法、专业知识、专业前沿和相关学科知识等，同时还应包括专业基本技能和一定的专业科研能力、生产能力等。此外，理工科学生还应具备较强的外语、计算机及系统论、控制论、信息论等相关基本知识。动态知识结构主要是指现代科学、专业科学发展的最新成就及处于探索发展阶段的潜科学知识。由于动态知识结构一直处于不断变化与发展之中，因而其不仅可以调节高校学生的整体知识结构，还能成为大学生走向社会的直接储备。

（3）能力素质

当代大学生应具备的能力素质主要包括以下几方面：

一是分析问题和解决问题的能力。当代科学技术发展的基本特征是基础理论转化为生产力的周期越来越短，因而加快理论形态的知识转化为现实物质产品的速度是增加社会财富的关键。为此，必须培养其的应用和操作能力，培养学生运用理论及所学知识分析问题和解决问题的能力。

二是创新与应变能力。创造是人才的本质特征，没有创造就没有人类的今天。在市场经济条件下，不断改革创新是推动社会进步的关键，是竞争取胜的基本因素，是社会组织生存的基础，也是社会组织招录人才的重要标准之一。

高校学生既要刻苦学习，又要大力发展自己的创造才能，掌握创造性的思维方式和技能，培养和锻炼自己的创造能力和应变能力。随着我国市场经济改革的不断深化，高校学生面临新情况、新问题、新困难等诸多挑战，要想胜任岗位工作，取得丰硕成果，就必须敢于竞争、善于竞争。纵观改革开放后高校学生的就业方式，一方面高校学生在就业中有了选择用人单位的自主权，另一方面用人单位在选择大学生时也具有自主权。这就形成了两方面的竞争：一是用人单位为争夺理想人才而进行的竞争。二是高校学生为争夺理想职业而进行的竞争。在当今的就业市场上，创新型、外向型、经验丰富型、技能型和学习型人才较受欢迎，要成为这些类型的人才，必然要具备良好的综合素质。三是较强的组织管理能力。作为一种有序经济，市场经济不但强调良好的组织管理和运行机制，而且强调合作与协调。这就要求高校学生必须具有较强的组织管理能力。好的组织管理能力主要包括以下几方面：①正确、及时处理信息的能力。②充分调动他人学习、工作、生活的主动性、积极性和创造性的能力。③ 具有合作精神，善于团结意见不同的同学一道工作，在合作中展现群体优势的同时克服自身不足、发挥自身长处，做到诚实守信、敬业乐群。

2. 服务对象自身需求的变化

目前，高校学生所面临的新的现实需求可以通过马斯洛需求理论从自我需求的五个层次，即生理需求、安全需求、归属与爱的需求、尊重需求和自我实现需求进行分析。

在生理需求方面，大学生的生理需求主要体现在对基本生活保障的需求，即对衣、食、住、行的要求。虽然国家已经为经济困难的学生制定了很多政策以保障他们的就学和生活，但是这类学生目前仍是高校应该高度关注的特殊群体。高校要积极落实相关助学帮困政策，采取综合措施，努力满足家庭经济困难大学生的基本生理需求。同时，随着物质水平的不断提高，更多的学生在满足基本物质生活的基础上有了更高的物质追求，比如追求精致可口的饭菜、干净整洁的宿舍、明亮宽敞且设备齐全的教室及书刊种类齐全的图书馆。因此，高校要更加注重营造卫生、健康的生活环境，引导学生养成良好的学习习惯和文明的生活方式。

在安全需求方面，安全需求是高校学生的基本需求之一，主要体现为学生对人身安全、饮食安全、医疗安全、生活环境安全等方面的需求。特别要注意的是，高校学生离开了父母的呵护，独自面对学习和生活上的各类问题，易产生不适感和不安全感。因此，高校要努力创建平安校园、打造温馨和谐校园，帮助他们积极适应新环境，消除他们的不适感。此外，在信息技术高速发展的当下，网络安全变得尤其重要，高校一方面要加强对学生的网络安全教育，教会学生辨别网络真假信息，抵制网络暴力和网络谣言，引导他们正确、理性地看待问题。另一方面要加强校内网络安全建设，屏蔽不良信息，建立网络预警机制，尽量从源头避免学生接触负面、带有不稳定因素的信息。

在归属与爱的需求方面，高校学生的需求主要体现在人际交往方面。在校大学生大多处于 18~25 岁的年龄阶段，这个年龄段的青年朝气蓬勃，随着年龄的增长和自我意识的不断提高，他们对丰富精神生活的需求更加迫切。在大学这个新的环境中学习和生活，他们需要拥有和谐的人际关系，比如与同学建立友谊，与教师友好沟通。因此，高校不仅要积极承担起传授学生与人沟通的技巧、培养和锻炼他们的交往能力的重任，还要引导他们勇于和善于建立起平等友爱、互帮互助的良好人际关系，以充分满足他们对归属与爱的需求。

在尊重需求方面，当代大学生自我意识发展迅速，无论是生理还是心理方面都已经趋于成熟。他们愿意了解他人和被他人了解，在希望取得他人信任的同时，还希望能在交往中获得感情与人格上的平等。因此，高校教育工作者应当从大学生自尊需求强烈这个特点着手，不断创新教育方法。高校在教育活动中，要巧妙地运用激励的方法维护学生的自尊，让他们在更加积极主动地提高学习效率的同时，增强他们的参与意识与主人翁意识，使其尊重需求得到满足，进而促进其自我管理、自我教育、自我服务意识的提升。

在自我实现需求方面，作为高校学生最高层次的需求，自我实现需求不仅代表学生个性及潜能的充分发挥，更重要的是它代表着学生更高层面的心理健康状态。在高校学习阶段，大学生所面对的心理欲求与成长选择较青少年时期明显增多，而且比以往任何时候都更加重视自身素质和能力的提高，希望自己能成为学校和社会所期望的样子，完成与自己能力相称的事。面对日益激烈的社会竞争，高校学生就业问题已成为当前社会关注的焦点，因此，通过自身努力找到心仪的工作也成为高校学生自我实现方面的重要需求。

（三）服务育人工作的高要求

随着现代社会的不断发展、当代大学生特点的不断变化及社会主导价值、理想信念的不断更新，在社会化改革的背景下，高校师生对服务育人工作的要求日益提高。为此，高校服务部门要时刻树立“育人为先”的工作理念，不断加大管理育人力度，积极营造良好的育人环境，加强服务监管力度，不断提高育人水平。高校后勤要积极构建服务工作组织、制度、资源的育人工作保障体系，搭建学生一站式服务中心、学生公寓、学生餐饮、校园物业及其他后勤服务实体的育人平台，在做好师生日常学习、生活、教育及科研的服务保障工作的同时，积极发挥服务保障部门的服务育人功能，努力为高校优秀人才的培养做出积极贡献。

1. 服务育人工作的主体要求

随着高等教育招生规模的扩大和专业分工复杂程度的加深，过去高校内部以后勤机构为服务育人单一主体的模式正在被打破，校医院、图书馆、学生处、教务处、国有资产管理处等部门，以及隶属于高校内部的后勤集团或是由高校外包给第三方的物业公司，都加入高校服务育人的行列。通常所说的服务育人在狭义上是指高校的后勤服务，而新时期高校服务育人工作要落实到学校领导、行政管理人员、学生管理人员、财务管理人员、校内医务工作人员等每位教职员工身上，这是广义的服务育人。新时期，我们应在广义的范围内来讨论服务育人。要实现服务育人，就必须强调以人为本，把人本原理的思想贯穿到高校的各项工作中。人本原理强调重视具体活动中人的因素，把人放在根本重要的位置上，突出人的作用，通过人的主观能动性的发挥，提高服务育人工作的成效。

2. 服务育人工作的内容要求

高校“服务育人”工作的内涵主要包括物质服务育人、行为服务育人、创造优美环境育人、参加管理与劳动实践育人四个方面。高校服务人员在工作中要具有高度的事业心和责任感，积极提高管理和服务的水平，创造优美环境，在开办好食堂、管理好宿舍及建设好教室、实验室和图书馆等方面提供优质服务，为广大师生提供良好的学习生活环境，激励学生刻苦学习、不断进步。除此之外，高校服务人员还要通过自身高尚的道德情操和正确的行为准则启迪学生，使学生在享受优质服务的同时，也受到良好的道德教育。另外，通过科学的管理，高校服务人员应不断转变自身观念，结合工作内容，真正做到寓教育于服务之中，组织学生有计划地参与服务管理及公益劳动实践活动，有意识地培养学生的服务观念和劳动意识，纠正学生的一些不良行为，促使其健康发展，同时也有利于促进其从封闭型向开放型、从依赖型向自立型、从知识型向创造型转变，使他们在步入社会后能更好地适应变化，真正达到服务育人的目的。

3. 服务育人工作的深层要求

20 世纪 90 年代初期，“三服务、两育人”的高校服务育人工作宗旨的提出，从育人的高度来看待高校服务工作的重要性，这是对服务工作在高校教育中的地位及作用认识的一个新飞跃。自此，高校服务相关部门更加努力地做好本职工作，为教学服务，为科研服务，为师生员工生活服务，满足师生员工的基本生活需要，保证教学、科研必要的物资供应，创造良好的学习和生活环境，这也是高校实现服务育人目标最基本的途径和手段。高校的服务育人职能，需要高校服务人员在为服务对象提供良好的物质保障的过程中体现，需要通过其在服务过程中所表现出的忘我精神、奉献精神体现，因此要充分发挥高校服务人员的隐性育人作用。

随着市场经济体制的推广与发展，高校服务改革也不断深入。在一段时间内，高校所提供的服务一直滞后于其经济改革，使得高校的服务和育人两大功能难以协调发展。高校应把市场经济体制引入服务育人工作的系统工程中，使高校服务育人工作向更高层次发展。因此，这一阶段的服务育人工作要始终遵循“育人”的宗旨，坚持社会主义方向，坚持教育一致性的原则，将育人寓于优质服务之中，从而体现出服务育人部门在高校中存在的价值。只有加强队伍建设，不断深化、细化和强化服务改革，才能充分发挥服务育人的功能，促使高校服务育人部门不断发展。

第二节 服务对象特征分析

高校服务育人的对象即高校学生。高校学生特指正在接受基础高等教育，还未毕业走向社会的在校学生。作为代表社会新技术、新思想的前沿群体及国家培养的高级专业人才，大学生是年轻有活力的一族，是推动社会进步的栋梁之材。高校学生主要包括在校的专科生、本科生、研究生、博士生及留学生等，在高校服务育人过程中他们是服务活动的直接受众，也是最主要、最重要的参与者，是高校服务育人的活动基石。高校学生在育人过程中享有参与权、表达权和监督权，其作用的发挥对于高校服务育人工作的整体效果具有重要影响。

新时代大学生由于受到成长环境的影响，在个性、思想、行为、价值取向、心理和需求等方面都呈现出许多新特征。

一、新时代大学生群体特征

（一）代际特征

大学生群体往往会受时代背景、社会环境及家庭情况等因素影响而表现出不同的代际特征。大学生代际特征是指在思想观念和行为方式两个关键因素上，不同年代大学生所体现出来的差异性特征。美国学者埃尔德认为，生命过程中历史事件的影响取决于个体经历该历史事件的生命阶段。[①] 根据埃尔德的代际理论，对同一生活事件的看法及受此影响的程度，不同年龄阶段、不同代际的大学生是完全不一样的。作为大学生群体的重要组成部分，00 后从 2018 年开始相继成年，并踏入大学校园。他们在个体特征方面虽然存在差异性，但总体而言，该群体在思想观念和行

① 引自李春玲:《代际社会学: 理解中国新生代价值观念和行为模式的独特视角》,《中国青年研究》, 2020 年第 11 期，第 36-42 页。

为方式上有一些共性的特征。

1. 思想积极，立场坚定，民族主义感较强

由南京大学副教授徐兴华发表的《新时代增强高校思政课吸引力的根本立足点探析——当代大学生群体性特征的调查研究及其对高校思政课教学的启示》2020 年上半年课题组问卷调查可发现，00 后大学生群体对国家的政治认同度比较高，且政治立场坚定。通过抽查回访发现，中国政府应对疫情的有力举措及其显著效果，尤其是与国外主要发达资本主义国家政府的应对政策及其效果形成鲜明对比的事实，显著提升了大学生对政府的认可和认同度。[①] 此次问卷调查结果还显现出当代大学生观察、分析问题时的"民族主义的视角"和已经开始高涨的民族主义情绪。整体来说，高校学生思想政治状况的主流是积极向上的，他们政治立场坚定、国家观念明确、政治关注度较高，表达方式内隐，有着较为坚定的马克思主义信仰和对共产党的信任。

2. 富有挑战精神，具有竞争意识，价值取向复杂多元化

00 后大学生的父母在经济状况和主体意识方面要普遍优于 90 后，00 后大学生群体独特的家庭环境为其塑造了更为优秀的独立行为能力。相比于 90 后大学生，他们敢于挑战权威，勇于开拓创新。00 后大学生的价值取向具有崇高与世俗共存、理想与务实同在、传统与现代并存、个人与社会兼顾的多元化特征。00 后所处的时代竞争更为激烈，他们对外界的认同和荣誉的追求更为强烈。为了有效地把握未来，大部分 00 后大学生敢于积极主动地展示自我，他们往往能够对自身存在的问题进行深刻反思，并主动改正自身的不足，积极完善自我，在学习过程中更容易保持长久的热情。

① 徐兴华：《新时代增强高校思政课吸引力的根本立足点探析——当代大学生群体性特征的调查研究及其对高校思政课教学的启示》，《吉林省教育学院学报》，2020 年第 9 期，第 42-46 页。

3. 思想开放，个性张扬，自我意识较强

00后大学生群体所处的时代是中国融入世界经济的时代，是全面深化改革、经济快速发展的时代。因此，00后大学生群体与80后、90后相比，接触到的国内外的信息与事物更多，视野更为宽广，思想更为开放。他们喜欢时尚，紧跟潮流，既不崇洋媚外，也不人云亦云。相当一部分00后大学生群体的家庭经济条件与生活环境较为优越，他们更为重视个体价值的体现。从社会发展环境来看，00后大学生的可塑性随着其发展空间的不断扩大变得越来越强，个体自我意识不断提升。在00后大学生群体的潜意识当中，实现个人权益的保护，注重个人意识的表达，努力实现个性化的价值追求是其关注的焦点。

4，善于学习，视野开阔，处事方式理性化

00后大学生的父母文化程度普遍提高，他们在儿女的教育方面愿意投入更多的精力与财力，让自己的孩子从小就接受各种教育培训。00后大学生喜欢通过体验学习、实践学习、网络学习等新的学习方式获取知识。这不仅能开拓文化视野，还使他们更容易接受现代的科学知识。由于00后大学生具有良好的教育基础和开阔的文化视野，其处事方式更为理性。

他们不再盲目对偶像明星狂热的追崇，而是更注重偶像明星的人品和才艺，更看重偶像身上的“沉稳”“低调”“耿直”“敬业”“有才”的品质。00后大学生的消费水平比90后大学生明显要高，但他们对网络媒介的运营方式更为了解。他们不容易被普通商品的广告诱惑，他们更喜欢有故事、有个性、有情怀的商品。他们喜欢利用网络进行有目标、有计划、有针对性的理性消费。

5. 思维活跃，喜欢新鲜事物，网络依赖性较强

00后大学生处在家庭条件优越、信息化程度较高、文化氛围开放的多元化社会环境中，他们往往利用丰富的数字技术与多样化的信息渠道获取海量的信息资讯，对网络信息的依赖性越来越强。

（二）风险题域

“千禧一代”的00后作为大学生群体的重要组成部分，具有许多独特的优秀品质，这为高校思想政治教育的不断创新提供了机遇。但与此同时，我们也要清醒地认识到00后大学生群体在思想政治层面仍然存在以下或然风险。

1. 价值观偏移风险

当前是网络新媒体盛行的时代。网络新媒体改变了传统“一对一”或“一对多”的社会思潮传播模式，使得“多对多”成为可能。00后大学生个人自主意识较强，对网络新媒体的依赖程度较高，他们利用网络的迅捷性、交互性和开放性获得海量信息和便捷化服务。然而，网络新媒体是一把双刃剑，它在增强00后大学生个人自主意识的同时，也为各种消极的社会思潮提供了生存空间。各种社会思潮借助网络新媒体发酵，在网络世界抢占舆论阵地。

网络社会思潮的传播者专门设置热点讨论平台，以编段子、讲故事等多样化的传播方式来引导大学生解读和分析他们的理论观点，从而大大削弱了我国主流意识形态和价值观的影响力。00后大学生群体处于多元复杂的社会中，他们思维更为活跃，敢于挑战权威，但对事物的复杂性认识不足，这容易导致其思想上的迷茫与困惑。在价值观念上，这一群体更容易受到网络新媒体的负面影响。凯斯·桑斯坦指出：“网络对许多人而言，正是极端主义的温床。”[①]00后大学生群体阅历尚浅，社会经验不足，对网络上充斥的虚假、色情、暴力等不良信息的鉴别力不够，导致他们将复杂的事情理想化和简单化理解，在实际行动中容易造成价值观偏差。

2. 目标异化风险

“理性”“务实”对于大学生群体而言是值得提倡的。但00后大学生群体存在过于理性和务实的特质。过于理性和务实使他们容易成为精致的利己主义者。有些00后大学生不再将国家富强、民族振兴的奋斗目标放在首位，而将成功定义为个人价

① 凯斯·桑斯坦：《网络共和国 网络社会中的民主问题》，黄维明，译，上海人民出版社2003年版。

值的实现。他们更关注个人利益，行为的出发点和最终目的都是有利可图。他们内心蔑视规则，在熟知各类社会规则规范后，善于利用规则的漏洞来为自己谋利。习近平总书记指出：“青年一代有理想、有本领、有担当，国家就有前途，民族就有希望。”[①]追求国家富强、民族振兴的理想与担当本应成为00后大学生应有的精神面貌。因此，如何帮助00后大学生树立正确的理想和目标，是高校思想政治教育工作的重要任务。

3. 情绪偏激风险

00后大学生生活在物质富足的时代，生活条件的优越及长辈的精心呵护使一部分人自我意识较强、情绪不稳定、易冲动、自制能力较差。00后与很多70后、80后和90后相比，所处时代的竞争更为激烈，他们早早被送进各种培训班、补习班，其追求快乐的天性长期被束缚和压抑，承受的各种压力也越来越多，如果没有进行科学有效的心理疏导，一旦压力积累到一定的程度，极易导致心理崩溃，进而产生过激行为。00后大学生在妒忌心和反叛意识方面比90后要强得多。一些00后大学生无法忍受自己没有别人拥有的东西，凡是自己想要的东西，往往会通过各种手段想方设法去得到，一旦没有成功就会有极大的心理落差，进而容易产生偏激情绪。另外，一些00后大学生在行为处事上往往会固执己见，即便事后被证明是错误的，也会碍于面子坚持一错到底。

4. 知行脱节风险

思想政治领域中的“知”，主要是指人们对其所处社会的政治道德关系的认识，主要体现为世界观、人生观、价值观和道德观。思想政治领域中的“行”是指人们对已经认知的思想政治方面的要求形成行为习惯与行为技能的过程。思想政治教育的任务在于帮助人们改正不良的行为，树立正确的思想观念，并使之做到“知行合

① 彭晓玲，王潇潇：“青春，在复兴征程上闪闪发光——写在中国共产主义青年团第十九次全国代表大会召开之际”，《人民日报》2023年6月19日。

一”。就 00 后大学生群体而言，虽然一些学生通过课堂和书本接受思想政治教育，对社会主流的价值观、道德观有正确的认识，但更多地停留在感性认知层面，当触及利益问题时，难以将思想认知转化为理性行动。此外，高校思想政治教育中存在的固有缺陷容易导致 00 后大学生出现“知行脱节”的风险。一是有知而不行。虽然一些 00 后大学生掌握了思想政治方面的大量知识，但没有自觉付诸实践。就业与生活的压力使得有些学生会用功利的手段来实现自身的利益，而将崇高的理想与信念抛在脑后。二是重知轻行。当前一些高校在道德教育培养过程中强调知性德育，比较轻视生活德育，从而导致部分学生重知轻行。三是知行转化形式化。当前高校在德育评价上多采用分数评定的方式，部分学生为获得高分会急功近利地做好事。这种知行转化方式看起来“高大上”，实际上无法在认知层面提升其思想境界。

（三）层次多样

群体是指在共同目标和行为规范下进行协同活动的具有某种共同社会心理特征的人的共同体。大学生群体是大学生在共同的学习和生活中，相互依赖、相互帮助，在心理上彼此意识到他人的存在，在行为上互相作用而形成的共同体。按照不同的分类标准可以将大学生分为不同的群体，体现出大学生群体的层次多样性。

1. 按受教育的层次

按受教育的层次，大学生群体可以分为专科生、本科生和研究生。其中，在研究生群体中，还可以进一步按学历高低分为博士研究生和硕士研究生；按培养目标不同分为学术型研究生和专业型研究生；按是否调档案分为全日制研究生和在职研究生；按是否有毕业证书分为学历研究生和学位研究生（前者有毕业证书和学位证书，后者只有学位证书）；按经费渠道分为国家计划研究生、委托培养研究生和自费研究生。

2. 按成员的组成特点

按成员的组成特点，大学生群体可分为正式群体和非正式群体。所谓正式群体是指成员隶属于一定的组织、有明确的群体规范和目标，并要承担相应的责任。例如，高校中的班集体、各级团组织和学生会等。非正式群体则是自发形成的，其成员间带有明显的感情色彩，以个人的兴趣、爱好、特长、属地等方面的相似性为前提，没有规范的组织架构和制度。例如，高校中自发形成的学习小组、QQ 群等。

3. 按学生的结构分布

按照学生的结构分布，可将大学生群体分为正常群体和特殊群体。大学生正常群体是指其主要条件处于当代大学生的平均水平，符合社会发展阶段的基本情况，是大多数学生所属的一个群体；大学生特殊群体是与正常群体比较得出的一个相对概念，主要是指由于家境贫困、自身生理缺陷、学业或恋爱严重受挫等而呈现某种共同心理特征的非正式群体。随着我国高等教育逐渐走向大众化，大学生特殊群体的数量呈逐年上升的趋势，而且出现更多的细分。大学生特殊群体的存在成为影响校园安全和稳定的重要因素。此外，这些特殊群体属于社会的弱势群体，在经济、权益保护、竞争能力等方面处于不利的境地，应该给予这些弱势群体更多的关注、指导、支持和帮助，切实维护高校的和谐和稳定。

此外，与其他社会群体相比，大学生群体表现出以下不同的属性与特征：

（1）高敏感性

大学生朝气蓬勃、充满热情，容易接受新事物，同时又关注国家兴衰、民族强弱和社会发展。所以，他们比一般人更容易体察时代的变化，能够较早地同时代精神产生共鸣，能够较快地对社会问题做出反应。但是，敏感性不等于准确性。由于他们涉世未深，对有些知识没有真正地消化、吸收、理解，加上自身思想并不完全成熟，所以还不能准确地把握时代精神和社会问题的实质。再加上他们存在轻信、从众等心理弱点，往往容易受错误思潮的影响做出偏激的行为。大学生的高敏感性要求育人工作者密切关注大学生的思想动态，正确及时地加以引导，避免他们因迷失方向而产生过激行为。

（2）高参与性

大学时期是人接受学校教育和社会影响的时期。在这个时期，大学生并不是被动和消极地接受学校教育，等待社会的影响，更不是社会生活的旁观者，他们在参与社会生活方面有着极大的兴趣和积极性，在接受学校教育和社会教育的同时，又反过来以极大的热情参与社会生活。当然，由于大学生群体没有独立的经济基础和社会职业，也较少参加社会生产和生活实践，因而其思想的形成不是主要来源于自身对生活的体验，而是来源于书本知识、社会思潮和周围环境的影响与熏陶。我们可以充分地利用大学生参与实践的积极性，对其进行多方位的引导和教育。

（3）高文化水平

尽管我国高等教育已经实现了从“精英教育”向“大众化教育”的转换，但从我国公民受教育的程度来看，大学学历仍然属于高学历。因此，相对于其他群体，大学生群体最明显的特征就是具有较高的文化水平。有青年研究者对“大学生”给出如下定义：文化程度以“大学”为标志，是受过专业训练并在德育方面有较高修养、在实际能力方面有较多灵活性的青年。他们不但基本达到生理和心理的成熟，而且已经具备进入一般社会领域的前提条件，正在走向社会成熟。社会成熟不但要求社会成员达到职业成熟，具备特定社会实践领域的知识、经验、技能和技巧，而且要求其达到道德、思想和政治等各方面的成熟。很显然，大学生还没有达到真正的社会成熟，他们在生理和心理方面的成熟也仅仅是基本的和初步的。但是，由于他们的文化程度较高，在拥有的知识的广度和深度及思维的敏捷和能力等方面比其他青年更优越，因此从某种程度上说，他们具备了比其他青年更易成熟的条件。大学生的这一特征一方面使得高校服务育人工作较易被接受，另一方面又对育人主体自身的素质和服务水平提出了更高的要求。

（4）高互动性

大学生活属于集体生活，从衣食住行到学习娱乐，大学生的日常生活都离不开这个集体。大学生的这种有别于其他社会群体的生活方式，不仅为其群体成员之间的互动提供了组织条件，同时也为群体意识的形成提供了环境条件。他们容易在思想上互相认同，在行为上互相模仿，特别是在涉及共同利益和共同要求的时候，他们往往互相激励、互相支持，进而通过这种互动作用形成一定规模的群体行为。大学生的这种群体成员之间相互影响、相互作用而形成的比较统一的群体行为，就是他们互动性特点的具体表现。在正确思想的指引下，受到反映社会矛盾和社会变革的进步思潮影响，大学生群体互动所形成的进步群体意识和行为，将会对社会进步起积极的推动作用。但在错误思想的引导下，接受错误社会思潮的影响，或受某一突发事件的刺激而形成的大学生群体互动，就会产生偏离事实和其初衷的过激行为，这无疑会对校园和谐和社会安定起消极作用。因此，对大学生群体成员的互动性不能一概否定，也不能一概肯定，而是应该对其进行正确的引导，使之成为促进大学生发展的积极因素。

二、新时代大学生心理特征

心理教育服务工作既是思想政治工作的题中应有之义，也是培育新时代社会主义建设者的一贯要求。摸清 00 后大学生的心理特征，能更好地做好大学生心理教育服务工作，以使 00 后大学生的心理教育服务工作适应高校建设发展、满足学生成长需要。

（一）正向心理特征

新时代下新媒体、大数据的到来使大学生的生活方式发生了改变，一方面，新技术的发展拓宽了大学生获取信息的渠道，广阔而丰富的信息资源为大学生了解社会提供了多种可能。大学生主要通过新媒体、大数据获取时间上跨了极大的开阔，他们的认知领域随之扩展到此前学生未能涉及的许多领域。在对社会了解程度加深的基础上，进行能力的培养与创造性的发挥则会取得事半功倍的效果，有利于大学生提升自身素质，迎接新挑战。另一方面，新时代大学生的世界观、人生观、价值观逐渐变得多元化。新时代提供了一个虚拟的空间，大学生可以在这里自由地交流、讨论，进而形成自己独特的价值观，并在沟通的过程中培养出自由开放的思维理念。当他们真正走入社会开始参与建设时，就会发挥出创新精神、探索精神，开拓出一个全新的、充满活力的新社会。

1. 自我评价高、自控能力强

在自我意识方面，00后大学生的心理特征普遍表现为以下两点：

第一，自我评价提高。随着生活经验和知识的增多，大学生的自我意识逐步发展成熟，趋向稳定，在这个时期自我认识的内容更加丰富和深刻，但缺少自我认识的客观性。他们此时的自我评价不再局限于外貌等生理自我，更多的是对自己的能力、性格、品德、人生价值等深层次问题的探讨，自我认识的内容十分全面和深刻。

第二，自我控制能力提高。大学生普遍有强烈的自我设计和自我规划愿望，大部分学生都勤奋学习、努力成才，能够进行自我设计目标及自我行为控制，能够积极地改造自我。同时，他们希望摆脱依赖和管束，强烈要求独立和自制。

2. 综合素质高、学习能力强

随着中国经济的快速发展，00后比90后具有更优越的物质生活条件，其父母文化程度也明显提高，对子女教育投入更多的心血。因而00后大学生从小就见多识广，兴趣广泛，有很多特长，在文体活动、知识竞赛等中表现突出，整体综合素质较高。00后大学生思维活跃，且学习充满热情，有较强的学习能力。

3. 适应能力强、竞争意识强

21世纪是信息化、全球化、网络化的知识经济时代，创新成为时代的标志。在这样的社会背景下，00后大学生的思想得到比以往任何一代人更大的解放，他们思维极为活跃，更为便利的互联网拓宽了他们的知识面，强烈的求知欲和宽广的信息平台使他们成为新事物的热衷者和追随者。00后大学生对未来充满了自信与激情，他们坚信自己的处事能力，对未来的成功持不怀疑的态度。这种自信不是举起拳头的宣誓，而是从谈笑、举止中就能体现出来的对自己能力的肯定。同时，受社会环境与家庭教育导向的影响，他们主体意识、竞争意识更加强烈。

（二）隐性心理特征

00后大学生生长在社会加快转型、经济迅猛发展、信息技术发达的时代，他们有理想、有抱负，好学上进，生活态度积极乐观；思想活跃，兴趣广泛，认知能力较强，接受新事物较快，敢于大胆尝试；情感丰富，性格开朗，善于表达与交流，但同时也存在一些值得高度重视的隐性心理特征。

1. 自我意识强烈与经历阅历不足的矛盾导致依赖心理

00后大学生正处于由他律阶段进入自律阶段的关键期，他们强烈希望独立自主，竭力摆脱家长管束，处处以成人自居，但由于他们实践尚少、阅历尚浅，加之既往的倾向、习惯，致使他们不能完全独立、真正自主，从而形成独立性与依赖性的矛盾。

2. 憧憬丰满、理想强烈与现实骨感的矛盾导致失落心理

00后大学生对大学生活有美好的憧憬，对未来成长怀有美好的愿望，但“象牙塔”内并非只有欢乐和潇洒，还可能有并不乐观的就业前景和没有想象中美好的未来生

活。这种理想与现实的脱节，是00后大学生普遍存在的矛盾。由于他们网络交流多、现实经历少，对成长成才的困难估计不足，部分学生在学习、生活中一遇挫折就对自己产生怀疑，产生失落心理，很容易因自卑和气馁而丧失前进的信心。

3. 求知欲望强烈与识别能力较低的矛盾导致失措心理

00后大学生具备一定的知识基础，思维能力也有了较大提升，他们对进一步增长知识的渴望十分强烈，求知欲非常旺盛。但由于缺少社会实践，他们对各种事物的识别能力、判断能力及选择能力均较低，有的瑕瑜不分、益害不辨，有的遇到矛盾问题就不知所措。

4. 交往愿望强烈与内心较为隐蔽的矛盾导致孤独心理

处于青年期的00后大学生乐于交友，渴望知音，但自尊心又很强，不愿轻易向他人吐露自己的秘密和思想情感，这种心理上的闭锁性使他们感到缺少可以倾诉衷肠的知心人，加之远离家乡、远离亲友，因而容易产生孤独感。孤独感有很强的危害性，有的学生因心理上的自我封闭和孤立，形成了孤僻的性格，也有的学生由孤独发展到悲观厌世，甚至走上轻生的道路。

5. 追求主流价值强烈与深受不良影响的矛盾导致放纵心理

00后大学生大多数对社会倡导的公平正义、诚信友爱等社会主义核心价值观表示认可，对媒体宣扬的“时代楷模”“感动人物”很敬佩，但受社会多元化思潮和网上不良信息的影响，仍存在是非、美丑不分的问题，且形成了不同程度扭曲的价值观，滋生了拜金主义、功利主义、享乐主义。例如，有的00后大学生处理人际关系依然信奉“金钱铺路，关系搭桥”，觉得“请客、送礼”很正常；有的把上网聊天、玩游戏、看玄幻小说当作主要爱好，对网上猎奇猎艳、炫富拜金、窥探隐私等低俗内容缺乏抵制力；有的不习惯于受约束，喜欢宽松自由、无拘无束；有的甚至不善于处理情感与理智之间的关系，容易受到外界影响，在情绪上难以自控，从而成为情感的俘虏，事后往往追悔莫及、苦恼不已。

三、大学生在校生活中的常见问题

大学生作为青年中的佼佼者，朝气蓬勃、积极向上，具备了良好的素质和品德。但是，我们也应该看到，当代大学生存在着一些问题，这些问题困扰着他们的心灵，影响着他们的成长。服务育人工作者必须对这些问题有深入的了解，并积极思考解决的途径和对策，帮助大学生走出困境。大学生在校的常见问题包括学习和生活的方方面面，其中与大学生生活息息相关的问题有以下几点：

（一）大爱精神的缺失

在市场经济和社会转型的冲击下，当代大学生出现了一定程度的精神缺失，尤其是大爱精神的缺失，具体表现在以下几个方面：一是责任感和奉献精神的缺失。少数大学生受不良思想的影响，奉行“事不关己，高高挂起”的人生哲学，对社会和他人漠不关心，不积极参加公益、集体活动。二是亲情、爱心的缺失。由于受“重智育轻德育”教育模式的影响，亲情和爱心教育被边缘化，导致部分学生只爱自己，不爱他人，也不懂得如何去爱。三是诚信精神的缺失。考试作弊，恶意拖欠学费、住宿费等现象在大学校园里时有发生。四是理想和追求的缺失。少数学生消极地对待生活，不认真学习，没有目标，得过且过。这些现象虽不是大学校园的主流，但如果得不到有效解决，势必影响到大学生的健康成长。

大学阶段缺少了父母的管束，不少学生的生活开始变得不规律。睡懒觉、不吃早饭、抽烟、喝酒、晚归、通宵上网等不良生活习惯在一定程度上影响了他们的生理和心理健康。特别是网络问题，不少大学生被网络本身的精彩深深吸引，对网络的依赖性越来越强，有的甚至染上网瘾，每天花大量的时间上网，沉迷于虚拟世界，与现实生活产生隔阂。久而久之，对网络的迷恋影响了他们正常的认知、情感和心理定位，不利于其人生观的塑造。所谓“习与性成”，就是指长期的某种习惯会形成一定的性格；“习焉不察”则是指习惯做某事而察觉不到其中存在的问题；而“习非成是”是指对某些错误事情习惯了，反以为本来就是对的。“积习难改”，一旦形成不良习惯就会给大学生带来诸多麻烦和不良体验，甚至使一些人走上歧途。

（三）消费观念欠成熟

当代大学生大多是独生子女，家长一直把自己的孩子视为家庭的重点照顾对象，对子女的消费基本上实行满足供应的政策。大学生在消费上是独立的个体，但经济上并不独立，许多大学生不知金钱来之不易，花钱大手大脚，没有储蓄和理财的概念。部分学生受社会上的不正确消费观的影响，养成贪图享乐、攀比炫耀的坏习惯，影响了他们的身心健康。

（四）独立生活能力欠缺

适应大学生活，发展与人交往的能力，完成大学生作为“文化人”与“社会人”的培养任务，是大学教育的重要内容。进入大学，远离原本熟悉的生活与学习环境，面对新的人群，大学生多少有些不适应。这种不适应主要包括生活上的不适应和人际关系的不适应。高中阶段由于父母大多只重视他们的学习，一手包办他们的生活琐事，导致大学生普遍不能很好地处理自己的生活事务，出现了生活上的不适应。在高校日常服务工作中，经常会遇到学生对服务部门提出一些不合理的要求，这从一个侧面反映出大学生处理日常事务能力的不足。在人际关系上，大学生普遍希望得到别人的认可，但很大一部分学生对如何关心别人及怎样得到朋友的关心想得较少。大学生活在一定程度上给学生创造了一个小社会的环境，使他们可以充分地展示自我，但是部分学生由于缺乏在公众场合表达自己思想的能力与勇气，对各种各样的活动充满兴趣，却又担心失败，只是羡慕他人而默默地充当看客，甚至开始逃避，久而久之便产生了人际交往上的不适应。

（五）安全意识淡薄

大学时代是校园生活与社会生活的交界点，此阶段的学生普遍既有学生的懵懂，又有成年人的独立。随着社会经济的发展和高校开放包容性的增强，在校大学生与外界社会接触的机会日益增多，也越来越密切。大学生如何提高安全防范意识，保障自我人身、财产等安全已成为一个迫切需要解决的难题。大学生安全教育工作是高校学生管理工作的重点内容，当代大学生处在一个经济快速发展、信息化水平不断提高的新时代，这些给他们生活、学习带来便利的同时，也埋下了很多安全隐患，如大学生已成年，有的已拿到驾照，若无一定的安全意识，可能会酿成灾难性后果；学生们课余时间增多，手机不离身，常接触网络，提高其防诈骗意识也是必不可少的；学生们经常外出聚餐，食品安全也需要得到相应的重视。因此，大学生的安全意识亟待提高，主要体现在以下几个方面：

1. 交通安全

随着科技的发展，汽车、高铁、动车、飞机的普及，人们可选择的出行方式日益增多，也更加便捷，但交通事故频发。各地高校中，电动车、摩托车及汽车数量均在不断增加，大学校园及周边交通事故常有发生，为有效预防和减少大学生出现交通事故，首先要严控驾照的发放。从大一开始，很多学生便符合考取驾照的要求，纷纷报名参加驾考，因此，交通管理部门在给大学生培训考试期间，不仅仅要授之以驾驶技术、业务技能，更应该重视对他们的安全知识和法律法规的教育。其次，大学生刚获得驾照，驾驶技术、应变能力有限，自身应具有高度责任感和清晰的认识，坚决杜绝超速行驶、无证驾驶、酒后驾驶和疲劳驾驶等违法现象。再次，要加大教育宣传力度，提高大学生的交通安全意识。利用网络媒体技术及配合当地有关部门对高校学生进行交通安全教育系列讲座和交通法治的宣传，利用身边及网络中真实案例的宣讲，加强和提高大学生的交通安全意识和交通法治观念。高校应组织交通安全入学校的教育活动，即让大学生一入学就树立交通安全意识。最后，高校要完善学校周边道路建设，在学校周边交通要道及十字路口设置电子警察，24 小时对交通情况进行监管；特殊时间段使用限流、设路障等方式保障学生出行安全等。

自 2000 年以来，随着新媒体及网络技术的发展，电信诈骗已形成完整的赤色产业链，诈骗案件层出不穷，其手段和形式不断“推陈出新”，让人防不胜防。而大学生因其独特的社会地位，屡屡成为电信诈骗的受害群体。例如，不法分子利用学生经常上网，在外会寻找公共热点以节省流量这一特点，设置钓鱼热点，使学生的手机自动连接到这种高风险且无密码的热点，很有可能导致其信息及重要的账号、密码泄露。另外，诈骗团伙冒充客服、老师、熟人，诱导学生兼职刷单，或使用不正规网站购买游戏装备等，都是最常见的诈骗案例。而大学生社会阅历不丰富、高校电信安全教育不及时、有关部门网络监管不到位都是导致校园电信诈骗案件频繁出现的原因。首先，提高自身电信安全意识，不登录陌生网站、不使用无密码 Wi–Fi、不打开陌生的电子邮件、不随意扫描二维码、个人电脑使用最新杀毒软件并设置防火墙、不贪图小便宜等都是大学生预防电信诈骗应掌握的常识性知识；学生还可通过微信关注地区防诈骗公众号等，提高自身的防范意识。其次，要加大电信安全教育力度。学校应联合公安机关及相关部门，结合新媒体手段，采取观看电信诈骗视频、真实案例引导、电信诈骗情景模拟等新型的宣传方式，提高学生对电诈知识的兴趣和安全意识，帮助其了解电诈应急处理办法，同时应鼓励学生利用课余时间走出校园，利用社会实践、社会调研、正当兼职等方式接触社会，增加阅历。最后，要加强网络管理，净化网络环境。相关部门应利用新媒体及时曝光各种新型电诈案件，坚决严惩网络犯罪，同时利用现代技术手段，开发高科技防诈骗系统，打击网络暴力，让网络社会更加文明，符合和谐社会要求。

3. 食品安全

大学生购买食物主要通过校内餐厅、学校周边餐饮店、网络外卖等形式，其中校内餐厅安全系数最高，会有学校后勤部门进行监管，原料的安全性有保障，但是学校周边餐饮店及外卖食品，其材料及包装均可能存在较大隐患，曾有报道称不法商贩为谋求高额利润，使用瘦肉精、苏丹红、地沟油等致癌物欺骗消费者，固然已查封很多非法厂家，但食品安全问题仍不容忽视，只有保障食品安全，才能够确保师生身心健康、校园生活井然有序。一方面，要强化学生的食品安全意识，提醒学生注意查看食品包装有无生产厂家、生产日期，是否过保质期；打开食品包装，应检查食品是否具有它应有的性状等。高校还可利用“3·15 消费者权益保护日”“12·4 法制宣传日”，每学期组织一次大型的食品安全主题宣传活动，建立“食品安全宣传周”，成立校园监管团队，增强学生的食品安全意识和维权意识，使其树立正确的消费观。另一方面，要建立和完善食品安全问责体系。食品安全问题层出不穷，与问责体系的不完善有很大关系，不法商贩正是抓住了这一点，钻法律空子，逃脱法律责任。高校要联合食品药品监督管理局，明确食品安全责任和义务，使违法行为得到必要的处罚，真正做到有法可依、有法必依、执法必严、违法必究。

第三节　高校服务育人功能发挥存在的问题及其原因分析

一、对服务育人工作重视不足、定位不准

重视不足是高校服务机制发展缓慢的根本原因。第一，学校自身重视不足。现在很多高校比较重视教书育人、实践育人等方面的实施与完善，而极易忽视学生事务管理、服务工作的育人功能。服务育人工作事关学生的思想状况、日常管理、心理健康等方方面面，却没有得到足够的重视，这是目前高校育人工作中一个不可小

觑的问题。并且高校服务实行社会化改革，商业化和功利化不可避免地渗透到服务机制中，在一定程度上弱化了服务人员的服务观念，忽视了服务保障部门的育人功能。第二，学校工作人员重视不足。学生事务工作人员和服务保障人员对于自己的言行举止产生的育人作用还存在认识不到位的问题，对日常服务工作的育人功能缺乏应有的重视。在高校服务工作的人员队伍中，存在错误观点的人不在少数，在他们的认知里，高校思想政治教育工作是学校领导、党务干部、班主任和辅导员及思政课教师的责任，把自己置身于思想政治教育工作之外。在学生看来，学校全体教职员工都是他们的老师，每个教职员工的言行对他们的思想和行为都会产生潜移默化的影响。一方面，学生经常会到学校部门处理事务，一些工作人员不合适的态度、语言、行为举止会对学生的思想观念产生负面影响。另一方面，高校服务社会化改革使实体人员结构发生重大变化，在编人员减少，非编人员增加，非编人员在很多高校没有被看作具有育人责任的主体，从而使服务第一线的工作人员缺乏育人动力。

传统思想认为，大学作为高等学府，考研率高、科研能力强、培养出来的人才多是高校实力的印证，所以高校集中“火力”、聚焦财力物力，打造强有力的师资队伍，支持人才培养与科研教学工作。对于服务工作，高校意识到其存在的必要性，但投入的人力、物力、财力远远少于其他科研教学类部门，客观上抑制了服务部门育人功能的发掘与发挥。走进高校接受高等教育，是每个有志青年的理想，对知识的渴求是其最初的出发点，取得学历文凭是最终归宿，这个阶段的大学生只是懵懂地了解到这是自己将来立足于社会的必要储备，是向更高层面发展的基础。但经历四年的求学生活后，他们会发现自己收获颇多，不仅仅是知识储备量的增长和文凭的取得，更重要的是学会了独立思考。大学宽松的环境氛围、充裕的自由时间，让他们有了思考自己、思考社会的时间，学会了自主判断，变得更加理性；练就了人际交往能力，了解了如何处理同学及室友关系、师生关系、男女关系等；培养并掌握了相关技能，开阔了眼界，增长了见识，认识了来自五湖四海的同学，经历了城市的现代化，领略了万千世界的精彩纷呈，从同学们和一些优秀的老师身上学到了许多之前不具备的本领；每天同有知识、有文化的人在一起学习和生活，文化修养、艺术修养、人文素养不断地提高。多数学生认为，同学的帮助，老师循循善诱的教导，加之自身的不懈努力，才成就了自己的辉煌，很少会有学生意识到服务保障工作对其产生的积极影响，更忽视了其在“人性”培养方面所起到的重要作用。其实，只要认真观察、善于思考、用心体会，便能够在日常接受服务的过程中发现服务人员勤俭节约、艰苦奋斗、任劳任怨、遵规守纪的人性闪光点。恰恰相反，一些大学生存在将高校服务保障工作简单地等同于社会上提供的有偿服务的错误认识，认为自己支付的学费很大一部分用于支付该笔费用，享受相应的校园服务理所应当，甚至有时会想花钱“买”的这些服务是否值得。这种错误的商业化观念，歪曲了高校服务工作在学生心里的定位。

二、顶层设计欠缺，工作机制不健全

顶层设计欠缺是机制发展滞后的关键原因。在高校服务育人机制的构建与实施中，高校理应坚持立德树人的根本任务，坚持正确的服务育人观，科学规划学校的服务育人工作，整合资源，为整个运行过程提供指导与实施依据。但在现实情况中，很多高校这方面的工作做得远远不够，没有配备专业人士做出科学合理的分析，因而不能形成一个系统的、完整的、可操作的顶层设计。在服务育人运行机制的顶层设计中，理论与实际结合不够，逻辑关系清晰度不够，资源配置的科学性有待提高，整合资源的体现还不甚明显。

（一）缺少长效的内部监控机制

高校服务部门，除了考虑经济利益，还应该考虑师生的情感。高校是师生学习和生活的家园，寄托了师生的信赖感和归属感，不应该为了“利”而淡化了“情”。服务部门涉及多项任务，即保障教学科研、维持高校的整体平稳、保障师生安全等。若没有制度化的内部运营和监管机制，服务部门自主性大、随意性强、不可控因素多，则高校服务部门能否生存都会成为问题，更谈不上发挥育人功能。在面对多项目标利益时，服务部门必须做出正确的权衡和选择，进行有效的引导和监控，适时适度地进行管理、协调、引导和监督，最大限度地满足高校正常办学及广大师生正常的生活需要，并在此基础上最大化地实现经济利益。通过合理有效的内部监控机制，实现经济与公益的完美结合，达到二者之间的平衡。

（二）绩效考核体系缺乏公正性和客观性

考核是指通过将预定的工作任务或指标与工作的实际完成情况相比较，以达到检查与监督的目的，从而对员工的工作情况做出客观的评价。只有公正的、客观的绩效考核结果才能如实反映实际情况，因此建立完善的考核评价办法十分必要。第一，要明确岗位职责，全面贯彻落实岗位责任制，明确工作职责、任务和权限。第二，要有标准化、细分化的考核方法，如定性定量法、计分法等。第三，考核工作应该实打实地落实，不能流于表面化、形式化，应该规范化、制度化、经常化。只有将考评体系严格化，才能得出客观公正的考核结果。目前，高校在此项工作的履行上仍存在诸多不足，如无考评的制度依据，考核人为操作因素大，且存在制度流于形式、制度不予执行等情形。这对于收入不高、有沉重生活压力的服务工作者来说极为不公平，会直接导致员工的不信任、不配合，无法提高服务人员工作积极性，无法开展有效的育人工作。

三、育人工作分工不明，落实推动不力

落实推动不力是高校服务机制存在多方面问题的重要原因。第一，从网上随机

查阅全国50所高校章程，明确要求服务人员参与“全员育人”或“服务育人”的高校有10所，占比20%。有些大学章程，只提“后勤服务”，不提“服务育人”。可见，高校对于政策的落实还不够。第二，高校对于既定计划、制度等落实的欠缺滞缓了整个机制的运行过程，从而造成多方面的问题。在高校思想政治工作服务育人机制的实际实施过程中，计划落实不到位、流于形式的现象十分普遍。组织者极易重视外在形式，其设置的机构或活动往往参与者有限，还有一些学生，对于机构或活动有抵触情绪，认为其就是外在形式的存在，没有实际意义。例如，很多高校都设置了心理辅导小屋、朋辈沙龙，但很少有学生体验过这些机构的服务，甚至对于这些机构的设立或存在完全不知情、不了解。无论顶层设计多么优化，制度多么完善，如果落实不到位，那么服务育人工作实效依旧无法提升。因此，要做好服务育人工作，需要分解育人的具体责任。不管是运行机制、保障机制，还是评价机制，只有积极推动，落实落细，才能在具体实施中发现其存在的问题，从而制订解决方案，优化机制，在“发现问题—解决问题”中不断前进。

四、服务队伍整体素质偏低

高校服务保障主要是由一线的服务人员提供的，同时他们也是服务育人的实施者。目前，高校服务队伍的整体素质离服务育人的要求还有一定的差距。

服务人员在服务一线与学生直接接触，其对高校服务育人功能的发挥起着最关键的作用。随着高校服务社会化改革的深入及服务体制的逐渐完善，服务人员体素质有了一定的提高，但还远远不够。由于服务人员的收入普遍偏低，因此服务部门中高素质、高学历的人才也相对偏少，大部分是临时聘用人员。服务人员总体呈现出结构复杂、流动性大、学历偏低、年龄偏大等特点，大部分员工只能完成基本的服务工作，于是导致以下四个方面的问题产生。

（一）员工服务育人能力不足

高校服务的对象是教师和学生，学历普遍较高，服务人员的文化水平与他们不可在同一层次上对比。虽然大字不识的父母培养出高才生的例子比比皆是，但将其放到教育大环境中来看，服务者与被服务者文化水平存在显著差异，必然影响服务者育人的实效。大多数服务人员都是不善交流的体力劳动者，基本不具备教育人的能力，也很难从教育的角度与学生交流，因此要想让学生从服务人员的服务行为中受到感染、受到教育，也需要一个漫长的过程。

从学生角度来看，当代 90 后、00 后大学生是个性鲜明的一代，灌输、说教式的教育只会让他们产生逆反心理；此外，他们对服务保障部门所从事的服务工作的理解都比较浅显和片面，因此无法从内心深处真正地认同与自己文化水平相差甚远的员工的教育。

（二）员工服务育人意识不强

高校服务队伍中高质量的人才严重缺乏，服务部门或企业的各级领导中高素质、高学历的人才不多。这种状态导致大部分服务人员仅能做好一般的服务保障工作，而难以在提供优质服务的同时发挥育人作用。此外，由于服务队伍年龄结构老化，很多员工对新事物、新观点的接受能力相对较弱，无法更好地适应新形势下的高校服务工作要求。所谓“育人必先育己”，虽然高校开展了多渠道的培训途径以提高服务人员的素质，如进行入职培训、岗位技能培训、思想政治教育等，但这些培训都没有达到理想的效果。即使经过反复培训，一些员工在实际操作中也很难真正做好服务育人工作，难以达到规范化、标准化的要求，执行效果欠佳。对于学校提出的“服务对象至上”，即在服务中一切以师生员工为上的原则，很多老员工不能很好地理解和贯彻，有时甚至在工作中与师生发生不必要的矛盾和摩擦，服务育人意识不强。

（三）服务人员流动性大

高校服务工作者大多以编制外临时用工为主，这种用人性质和薪酬体制决定了很多岗位留不住人。后勤员工作为校园服务的主要提供者，大多从事服务保障一线的工作，做着学校里最累、最脏的活。但是，由于体制问题，这些员工不仅面临薪酬较低、同工不同酬的待遇，而且面临个人发展空间不足的现实困境，各种因素导致能长期为学校服务的员工很少，人员流动性很大。人员大量流失，不仅严重影响学校各项服务工作的正常开展，而且服务队伍的素质也很难得到快速提升，严重影响后勤服务育人功能的发挥。

（四）员工谋生心态重

高校中从事服务工作的绝大部分员工，之所以甘愿做着别人不愿做的工作，无非出于两个目的：一是为了赚到更多的财富，二是为了在学校谋取生存机会。在这种心态的影响下，很多人只是单纯地把他们所从事的服务工作当作维持生计或获取经济利益的手段，他们最关心的是获得报酬，在服务工作中投入的热情有限。此外，校园服务的公益属性决定了后勤经营服务是微利经营，这就使得后勤员工无法像社会上的企业员工一样获得高额的报酬，进入校园内从事经营活动的社会企业或个人同样也无法获得较高的利润。许多服务部门的员工来自经济条件相对落后的地区，他们朴素的情感、认真工作的态度确实能感染学生。但是，若其从事校园服务工作只是为了谋生，则其言行的育人效果必然大打折扣。因此，要求每一位员工都能对学生有“慈父慈母”般的情怀，以真挚的情感、博爱的热心做好工作，基本上很难实现。从实际成效看，缺少情感的活动方式极易使整个管理、服务过程显得生硬、苍白，从而产生不和谐的因素，在这种情况下，服务育人工作很难取得好的成效。

第三章　高校服务育人实施机制

“机制”一词最早源于希腊文，原指机器的构造和工作原理，后被广泛应用于生物学、医学、自然现象和社会现象，指其内部组织和运行变化的规律。机制在社会学中的内涵可以表述为“在正视事物各个部分的存在的前提下，协调各个部分之间关系以更好地发挥作用的具体运行方式”。[①] 而实施机制是指实施的程序和过程，即制度内部各要素之间彼此依存，有机结合和自动调节所形成的内在关联和运行方式。要研究构建新时代背景下高等学校服务育人的实施机制，提高服务育人的靶向性和有效性，提升育人效果，首先得分析机制设计必须遵循的实施原则。

第一节　服务育人工作的实施原则

2017 年，中共中央、国务院印发的《关于加强和改进新形势下高校思想政治工作的意见》指出，加强和改进高校思想政治工作需要坚持全员全过程全方位育人，把思想价值引领贯穿教育教学全过程和各环节，形成教书育人、科研育人、实践育人、管理育人、服务育人、文化育人、组织育人长效机制，明确了“三全育人”新格局。

一、“育人为本”原则

“育人为本”是教育的生命和灵魂。“育人为本”的教育思想，要求教育不仅要关注人的当前发展，还要关注人的长远发展，更要关注人的全面发展；不仅要关注

① 百度百科 . 机制 [EB/OL].https：//baike.baidu.com/item/%E6%9C%BA%E5%88%B6/1433787?fr=aladdin。

被育之人、育人之人，还要关注所服务之对象，为国家服务、为人民服务，不断满足国家和人民群众的需要。在服务育人工作中，高校应面向全体学生，以服务为载体，以育人为根本，以提高学生素质为目标，为人的终身学习和终身发展服务；充分发挥学生的主动性，把促进学生健康成长作为学校一切工作的出发点和落脚点；关心每个学生，不断完善服务育人长效机制，加强服务育人队伍建设，提高教职员工整体素质。

（一）坚持“育人为本”原则的必要性

坚持“育人为本”原则是教育的本质要求。从本质上讲，服务育人是基于人的思想和行为的社会实践活动，其根本任务就是通过为学生提供服务的方式去教育人、影响人，帮助学生树立正确的世界观、人生观和价值观，为个体发展确定方向、促进其认知发展和道德人格的完善。在“育人为本”原则的要求下，服务育人应当把满足学生的发展需要，唤醒受教育者的自主意识作为立足点和出发点，彰显学生的主体作用，关心他们的切身利益，尽可能满足学生在成长过程中的物质需求、精神需求和心理需求。这样的教育才具有实效性，教育的内容才能真正入脑入心，服务育人本身的发展才具有可持续性。

坚持“育人为本”原则是增强教育有效性的关键。受传统思想政治教育模式的影响，高校在一定程度上长期存在重“社会本位”、轻“人本位”的现象，在价值取向上，过分注重对社会需要的满足，而轻视了个体发展的需要。教育不仅仅要让学生掌握一些基本的知识理论，更重要的是要教会学生如何做人、如何处理复杂的社会关系、如何认识社会、如何适应社会等。要从根本上解决当前高校教育中存在的问题，增强服务育人的有效性和影响力，就必须坚持“育人为本”原则，将社会价值与个体的发展价值有机统一起来。

（二）实现"育人为本"原则的有效途径

1. 尊重学生

教育部 2017 年发布的《普通高等学校学生管理规定》指出，学生在校期间依法享有以适当方式参与学校管理的权利，对学校与学生权益相关的事务享有知情权、参与权、表达权和监督权。高校应当充分尊重学生参与管理的权利，将学生需不需要、学生认不认可、学生满不满意作为各项工作的出发点和立足点，且高校工作人员应主动增强服务育人的主动性、针对性和实效性，不断提高服务学生的能力和本领，努力适应时代的特点和形势的需要。

2. 突出服务

传统的大学生思想政治工作偏于单向的、管理的指导式，甚至是训导式的教育模式，学生工作者把大学生放在一种被教育、被指导的地位，其特点是重教育和管理而轻服务，这显然不能满足当前大学生的需求。高校学生工作不仅要重视教育和管理，更要突出服务理念，提升服务水平。

顶层设计要引领服务理念。高校学生工作顶层设计要抓住大学生成长过程中的关键问题、核心问题和重大问题，站在谋全局的高度，从大学生入学、毕业到走向社会整个过程，在规章制度、落实措施、各层面协同、软硬件设施等方面通盘考虑，从服务大学生全面发展这个角度进行设计。

日常生活要涵盖服务理念。大学生思想政治教育如果仅仅停留在对问题的阐释和说明上，很难真正发挥作用。思想政治教育要真正深入大学生的生活、学习，在解决生活问题、学习问题的过程中解决思想问题。因为随着社会发展和生活水平的提高，人们的认知水平接受程度也在不断提高，只有在加强思想政治教育的同时，不断改善大学生的生活条件、完善服务体系、丰富服务载体，使之能切实感受到真诚服务，思想政治教育的魅力和说服力才能体现出来。

人文关怀要彰显服务理念。现在的大学生对是非、善恶、美丑、爱憎等的态度比以往任何时代都要鲜明。这既是推动新一代大学生成长进步的强大动力，又难免成为诱发矛盾和问题的导火索。

二、“德育为先”原则

“坚持德育为先，立德树人，把社会主义核心价值体系融入国民教育全过程”这是中共中央、国务院2010年发布《国家中长期教育改革和发展规划纲要（2010—2020年）》（以下简称《纲要》）提出的战略主题之一。《纲要》指出，要加强理想信念教育和道德教育，坚定学生对中国共产党领导、社会主义制度的信念和信心，把德育渗透于教育教学的各个环节，贯穿于学校教育、家庭教育和社会教育的各个方面；要切实加强和改进大学生思想政治教育工作，创新德育形式，丰富德育内容，不断提高德育工作的吸引力和感染力，增强德育工作的针对性和实效性。坚持“德育为先”原则是学校育人工作的重要原则之一，是高校服务工作者从事育人工作的基本准则，也是衡量和检验育人工作有效性的主要标准。

（一）坚持“德育为先”原则的必要性

（1）坚持“德育为先”原则是青年学生正确树立社会主义核心价值观的需要。政治思想和道德品质是一个人成长的根基。当今我国处于开放的国际环境与多元文化的背景之中，而青年大学生正处在世界观、人生观、价值观形成的过程之中，“德育为先”更具有必要性和紧迫性。

（2）坚持“德育为先”原则是建设中国特色社会主义事业的需要。青年人是推动历史发展和社会前进的重要力量，而大学生是青年中的优秀分子。大学生是全面建成小康社会的突击队，是中华民族实现伟大复兴的生力军，他们的思想道德素质、科学文化素质和健康素质能否承担起如此重任，直接关系到党和国家的生死存亡，关系到中国特色社会主义事业的兴衰成败，关系到中华民族伟大复兴目标能否如期实现。因此，坚持“德育为先”原则，帮助大学生树立正确的世界观、人生观、价值观，坚定中国特色社会主义的理想信念，是社会主义中国大学的重要职责。

（3）坚持“德育为先”原则是中国特色社会主义高校办学的需要。德育关系到高校办学方向、学校形象、育人质量等重大问题。要端正高校办学的社会主义方向，全面贯彻党的育人方针，就必须引导广大教育工作者树立“德育为先”的观念。目前，部分地区、部分高校还存在“重科研轻德育”的现象，坚持“德育为先”原则，既是一种导向，也是一项有力措施，可以强化教育工作者“德育为先”的意识，建立健全落实“德育为先”的各项制度，形成“德育为先”的文化环境，从而增强教育工作者德育首位的思想意识，使“德育为先”成为教育者的共识和行为准则。

（4）坚持“德育为先”原则是提高高校整体素质和水平的需要。提高高校整体素质是现代学校发展的综合目标。高校德育素质是学校整体素质的重要组成，在学校素质结构中居于主导地位，对于学校的其他素质具有导向、制约、激励和保障作用。可见，德育在高校办学中的地位与学校的发展后劲或发展前景有密切关系。高校重视德育，坚持“德育为先”原则，就能带出一支责任心强、素质高、善于教书育人的教师队伍；就能真正坚持“育人为本、德育为先”的办学方向；就能形成良好的教风、学风和校风，培养出高质量的社会主义建设者和接班人。

（二）实现“德育为先”原则的有效途径

“德育为先”原则是指在教育工作过程中，育人工作者坚持德育首位，努力促进德育目标的实现。它包括三层含义：第一，把德育放在素质教育的首位是德育工作的一项重要任务。第二，落实“德育为先”原则是德育工作者的重要职责。第三，要把坚持“德育为先”原则贯穿德育工作的全过程，按照教育规律的要求，处理好德育与其他各育的关系，进而提高德育质量，争取获得最佳的德育效果。

1. 确立“德育为先”的办学指导思想

思想是行动的指南，正确的指导思想，是保证学校教育健康发展的前提。德育是素质教育的灵魂，坚持“德育为先”原则就是要在办学指导思想上把德育放在素质教育的首位，高度重视学生的政治、思想、道德素质，把“立德树人”作为学校的根本任务，让学生首先学会做人。坚持“德育为先”，必然要求学校把坚定正确的政治方向放在首位，发挥德育在素质教育中的导向、动力和保证作用，为智育等各育提供精神动力，为学校教育和学生的全面发展提供思想保证，实现德智体美各育之间的良性互动，保证智育及其他各育的健康发展。

2. 健全制度政策，保证“德育为先”

高校应建立健全德育工作保障制度，提要求、定目标、有计划、严奖惩，保障“德育为先”原则落地落实。通过管理制度和激励机制的有力推行，将做好德育工作转变为全体教职员工的自觉行动。

3. 将“德育为先”原则贯穿高校工作全过程

学校各个职能部门在日常工作中承担了大量的管理工作，履行着重要的职能，但蕴含在管理中的服务也不容忽视。只有全校上下都以立德树人的意识高度重视和关心学生的成长，并从行动上切实贯彻和落实服务意识，才能在真正意义上实现服务育人。

三、“全面育人”原则

“人以一种全面的方式，也就是说，作为一个完整的人，占有自己全面的本质，要实现这一价值目的，根本上即实现人的自由而全面的发展。”[①] 此为马克思的人的全面发展理论的核心观点。马克思的人的全面发展理论作为马克思理论的重要组成

① 马克思：《1844 年经济学哲学手稿》，中共中央马克思恩格斯列宁斯大林著作编译局译，人民出版社 2018 年版。

部分，为我国高校育人模式选择提供了理论基础，对促进大学生的发展具有极其重要的理论和实践指导意义。全国人大 1998 年通过并于 1999 年施行的《中华人民共和国高等教育法》总则第四条明确规定：“高等教育必须贯彻国家的教育方针，为社会主义现代化建设服务，与生产劳动相结合，使受教育者成为德、智、体等方面全面发展的社会主义事业建设者和接班人。”高校要实现立德树人的育人目标，必须将全面发展作为育人模式选择的核心目标，通过全方位、立体化的教育来培育新时代的青年。一是要注重大学生德、智、体、美、劳等各种能力与素质发展的全面性，而不能只强调某一方面的能力或素质的发展。二是要从人的需要角度出发，不断满足大学生各种层次的需要。由于性别、年龄、民族、爱好、家庭背景等的不同，大学生的需要也各不相同，要理解大学生在不同阶段所体现出的需要的侧重点，并在实际工作中不断地满足他们的需要，促使其健康成长与发展。三是要重视大学生社会关系的发展。现代大学已经不再是封闭的象牙塔，学生不能“两耳不闻窗外事，一心只读圣贤书”。四是要关注大学生个性的发展，引导大学生发展积极健康、向上向善的个性。

“全员、全过程、全方位”的全面育人机制打破了传统的教育模式，通过挖掘高校显性教育和隐性教育搭建一个全方位、宽领域的育人平台，是新形势下育人机制的重要创新，为大学生成才提供了可靠保障。构建高校“三全育人”模式强调对学生知识、兴趣、价值观、实践水平和服务社会能力等多方面的培养，将思想价值引领贯穿教育教学全过程和各环节，形成育人的长效机制。

（一）坚持“全面育人”原则的必要性

高校思想政治教育“三全育人”并非产生于偶然，而是对育人工作现实状况的反映，服务于立德树人根本任务。

1. 坚持“全面育人”原则是立德树人根本任务的内在要求

当前国内外形势复杂，部分消极倦怠的文化思想输入严重，这些思想会侵蚀学生的道德约束感，导致学生过分追求物质享受，人际关系异化，严重影响大学生思想品德的形成与发展。新时代高校的使命是培养美育、体育、劳育与德育、智育同向发展，知识丰富、能力全面、价值正向的素质型时代新人。高校思想政治教育应立足“三全育人”的出发点，从传授理论知识入手，拓宽知识的广度和深度，提升思想认知水平；以培育社会主流意识形态为着力点，塑造高尚的道德品质；以实践为检验标准，推动积极的思想外化为正确的行为习惯。

2. 坚持“全面育人”原则是思想政治工作发展的必然趋势

开展高校思想政治工作，须遵循其客观规律，把握“三因”理念。高校思想政治工作“因事而化”是指凭借“具体事件”化人，依据“普遍真理”育人，根据“客观事实”教人，促进教育对象内在矛盾运动，使其思想和行为符合社会要求。高校思想政治工作“因时而进”是指高校要遵循事物发展的客观规律，紧跟时代发展潮流，紧抓发展关键时机，推进思想政治工作正向发展。高校思想政治工作“因势而新”是指高校应科学把握“世界发展新形势、国家发展新趋势、学生学习新态势”探索德育新模式。新时代背景下，高校育人工作呈现出新的发展特点，应重新审视教育对象，注重人文关怀，弱化知识的工具性，挖掘隐性教育资源，引导青年学生坚定共同奋斗目标，与民族同命运，与国家共发展，勇做新时代建设者。“三全育人”遵循思想政治工作规律，坚持解决思想问题和现实问题相结合，有助于解决大学生思想困惑，消除心理障碍，以问题意识为导向，解决教学与日常生活“两张皮”的现实问题，提升育人工作实效。

3. 坚持“全面育人”原则是培育时代新人的应有之义

我国未来社会事业发展需要依靠青年力量，培育时代新人需要依靠高校主阵地，培养素质型人才离不开高校育人工作。以培养能担当民族复兴大任的时代新人为着眼点，承担育人工作重要职责，是党和国家对高校教育提出的时代新任务。当代青年生活在物质基础丰厚、民主权利平等、社会文化多元、社会保障完善的时代，具有较高的思想觉悟，与此同时，西方社会思潮夹裹在各种社会信息中、渗透在各类网络媒介中，模糊了青年的社会主义核心价值观。随着改革开放纵深发展，市场经济弊端在思想领域逐渐显现，青年价值观趋向功利化，理想信念淡化。高校思想政治教育“三全育人”顺应我国培育时代新人的发展趋势，坚持“育人为本”的核心理念，研究当代青年的新特征，从课程、科研、实践、文化、网络、心理、管理、服务、资助、组织“十大”育人体系入手，全面提升当代青年的思想政治素质，解决理想与现实落差带给当代青年的心理失衡问题，消解不良社会思潮对青年理想信念的冲击；解决育人队伍不完善、育人过程不连贯、育人方位不协调的问题，提升培育时代新人的工作水平。

（二）实现“全面育人”原则的有效途径

1. 全员参与，形成高校立德树人育人主体合力

高校立德树人主体包括教师、学生、家长和社会力量。“三全育人”中的全员育人要求形成高校思政课教师、学工队伍、行政管理队伍和家庭成员齐抓共管的育人合力，通过积极推进学生主动学习和自我教育，全力开展立德树人工作。非教学人员亦肩负着服务育人的职责，首先要有坚定的共产主义信仰，有高度的政治自觉，在与学生接触的过程中充分体现一个共产主义信仰者应有的政治品质和管理意识。其次要在学识上狠下功夫，新时代高等教育提倡全员为师，在大学校园构建处处是课堂、人人是教师的全方位育人环境，非教学人员也要树立“终身学习”的理念，不断学习吸收育人知识，在日常管理服务过程中以正确的方式引导学生、启发学生、感染学生，用专业的技能为学生解答疑惑、排忧解难，保证育人工作层层推进、落

在实处。最后要不断提升服务素质，以饱满的服务热情、诚恳的服务态度、文明的服务用语等让学生感受到温暖和爱意，构筑美好的服务大环境，让置身其中的学生耳濡目染，对其建立正确的世界观、人生观和价值观起正向迁移作用。

2. 全程投入，加强高校立德树人各阶段有序衔接

以立德树人为基础的高校全过程育人要求立德树人各个阶段相互衔接，把立德树人贯穿到大学生成长成才的各个阶段，做到全过程覆盖、无空白。实现立德树人的全过程覆盖，第一，要做好进入高校前和进入高校时两个阶段立德树人工作的相互衔接，因为这既是中等教育的结束点，亦是高等教育的开启点，做好入校前和入校时立德树人工作衔接，有助于高校立德树人工作的顺利进行。第二，确保入校后各个立德树人阶段无空白衔接，高校是立德树人的重要阵地，确保高校立德树人各阶段有序衔接就是确保高校立德树人的实效性。第三，加强毕业时和毕业后立德树人工作的衔接。第四，要助推学校立德树人工作和社会立德树人工作相衔接，确保立德树人工作的长效性。

随着时代的发展，高校立德树人工作的内涵变得更加丰富，形成更加完整的体系，但无论选择什么样的教育方式、手段，其目的都是促进高校学生自由而全面的发展，即对学生进行全方位的思想政治教育。以第一课堂为主线，开辟第二课堂，拓展第三课堂，使三个课堂相互联系、相互补充，覆盖课堂、实践和网络三个维度，推动三个课堂联动，把立德树人这个主题贯穿到三个课堂，以其不同的性质、不同的方式、不同的特点全面促进高校立德树人工作和党的教育方针同向共行、和学校内涵式发展同频共振、和学生成长的需要无缝对接，从而形成全面和谐的立德树人环境，可增强大学生的参与感，让思想政治教育渗透到学生学习、生活的方方面面，有效地提高立德树人的实效性。

四、“目标靶向”原则

中共教育部党组2017年12月印发的《高校思想政治工作质量提升工程实施纲要》指出，高校要不断深化服务育人机制，把解决实际问题与解决思想问题结合起来，围绕师生、关照师生、服务师生，把握师生成长发展需要，提供靶向服务，增强供给能力，满足师生工作学习中提出的合理诉求，在关心人、帮助人、服务人的过程中教育人、引导人。服务保障部门要在围绕学生、关照学生、服务学生上下功夫，在提供靶向服务上下功夫，在教育人、引导人上下功夫，其最根本的任务就是要打通服务育人“最后一公里”，通过完成岗位工作目标实现育人功能。若要通过岗位服务实现育人的功能，服务保障部门应确立清晰的岗位目标，明确服务对象，深入挖潜各个岗位承载的育人元素，并贯彻到整体制度设计和具体操作环节中，将岗位规范和服务标准条款化、具体化，通过岗位服务解决学生的实际问题和思想问题，更好地适应和满足学生的成长诉求、时代发展要求、社会进步需求，同专业思政、课程思政、网络思政等共同构成学校思想政治教育的主渠道，同向发力、同向而行，共同为青年学生的成长成才服务。

（一）坚持“目标靶向”原则的必要性

1. 坚持“目标靶向”原则是新时代服务育人的必然要求

高校服务育人要以习近平新时代中国特色社会主义思想为指导，以立德树人为根本，以理想信念教育为核心，以社会主义核心价值观为引领。要注重思想政治工作的实效性，做到因事而化、因时而进、因势而新，既要坚持问题导向，做到对症下药，解决学生思想生活中的实际问题，又要研究学生的潜在需求，提供精准的靶向服务，提高以需求为导向的供给侧服务能力。

2. 坚持“目标靶向”原则是做好学校服务保障工作的现实需要

新时代人民日益增长的美好生活需要和不平衡、不充分的发展之间的矛盾同样体现在学校中，受经费和发展空间等诸多因素的影响，学校在硬件设施、服务条件等方面还存在一些一时难以解决的困难，供给侧和需求侧之间存在现实矛盾，如图书资源不充分、图书馆座位不充足，学生宿舍住宿紧张，校园服务信息化技术滞后，社会化服务单位重效益轻管理等不同程度问题的存在。面对种种问题，高校一方面要增强供给能力，根据学生需求提供靶向服务，同时要发挥思想政治工作的传统优势，做到“以理服人，以情动人”，在温馨服务中教育人、引导人。

（二）实现“目标靶向”原则的有效途径

1. 践行社会主义核心价值观

长期以来，学校后勤、图书馆等服务保障部门，各守一方，默默无闻，辛勤奉献，为学校的稳定发展和师生的学习与生活提供了良好的条件。新时代，服务工作者更要学习和弘扬劳动精神，学习劳模和工匠精神，爱岗敬业，诚实守信，树立以师生为中心的服务理念，将社会主义核心价值观落细、落小、落实，加强品行修养，遵守职业道德规范，做到以德修身、以德立言、以德育人。

2. 提升专业化服务水平

服务保障部门要与时俱进，提升专业化服务水平。一方面要加大服务人员的岗位培训力度，鼓励服务人员及时学习新知识、新技能，拓展服务的深度和广度，评选服务标兵、明星窗口，建设一支业务精良的校园服务队伍。另一方面要以师生需求为导向，不断优化服务手段，牢记岗位职责，提供规范化、标准化、精细化、信息化的优质服务。面对学生日益增长的对美好生活的需要，面对网络原住民对信息技术体验感的需求，校园服务应顺应时代发展，从学生实际需求出发，做好顶层设计，拉高标杆，积极推进管理服务模式转型升级，通过精细化服务提升服务价值，通过信息化建设提高服务效率，营造线上线下、无时不在、无处不在的校园服务环境。

坚持把立德树人作为根本任务，是习近平总书记对新时代教育改革发展的重大理论创新和战略部署，可将其上升为检验和衡量学校一切工作的根本标准。习近平总书记提出“德是首要、是方向”的理念，高校要将这一思想贯穿到教育的全过程，使社会主义核心价值观的内涵真正渗透到大学生的心里。要切实落实“立德树人”的根本任务，在日常的服务工作中充分思考岗位工作对学生的教育功能，把深刻学习领会、坚决贯彻落实习近平总书记的重要讲话和大会精神作为当前和今后一个时期的首要任务。因此，落实立德树人根本任务，首先要深刻理解党对高校育人工作的指导思想，明确“六个下功夫”的育人要求，遵循思想政治工作规律，遵循学生成长规律。

第二节　服务育人工作的根本要求

一、明确高校育人指导思想

高校要深刻理解党对高校育人工作的指导思想，明确“六个下功夫”的育人要求，落实立德树人根本任务，提高服务育人的工作成效，就必须深刻理解党对“培养什么人”的指导思想，这是做好育人工作的前提和基础。

二、遵循思想政治工作规律

“所谓思想政治工作规律，就是按照人们思想、行为变化的特点和规律进行思想政治工作的必然遵循。”[①]思想政治教育就是以人的思想和行为为出发点，遵循一定的规律，发展人的思想品德。

① 石宏伟：《新时代高校管理育人理论与实践》，江苏大学出版社 2021 年版。

（一）遵循思想政治工作规律，要坚持高校思想工作的政治导向性

思政工作者的首要角色应当是学生健康成长的引导者，引领学生树立科学合理的价值观、政治观、消费观、人生观；此外，要在高校教师和学生中做好党员发展工作，加强党员队伍的教育管理。在实际育人工作中，应将“三贴近”（贴近实际、贴近生活、贴近学生）作为基层党组织发展建设的重要途径，将“三入”（入耳、入脑、入心）作为大学生思想政治实践工作的主抓手。

（二）遵循思想政治工作规律，要增强高校政治工作的科学性

思想政治工作的核心在于人，要想保证其工作的严谨性、科学性，就必须以马克思辩证唯物主义和历史唯物主义作为基本指导理论，在习近平新时代中国特色社会主义思想指导下，结合科学的工作方式方法，共同发挥效用。

三、遵循学生成长规律

遵循学生成长规律，就是要尊重学生的主体性，注重满足学生的内在需求，关注学生的成长发展。准确了解学生的内在需要，对于服务育人工作有重要作用。只有如此，才能充分落实“以人为本”的基本理念。第一，关注学生的实际需要。要把解决实际问题与解决思想问题相结合，在解决实际问题的过程中，凸显解决思想问题的人文内涵和精神支柱作用。要将大学生的心理健康教育和就业指导教育作为重中之重，为其健康成长及未来的发展铺设道路。第二，关注学生的精神需求。可以通过一些文体活动丰富大学生的内心世界，提高其品味，丰富其内涵，以现代视野和精神培养他们的健全人格和政治素养。第三，从约束学生到激励学生，真正实现“变管理为服务”。学生是一个完整的人，既是义务主体，又是权利主体。高校要充分尊重学生的权利，尊重他们的主体性、自主性，让学生能够畅所欲言，充分培

养学生的积极性和主动性，促使其潜能的开发。要从单向单一的教育管理转向双向的沟通和交往，促使工作人员与学生实现良好互通互助，以实现双向发展、共同进步。此外，各项工作或活动的过程要真正做到公开透明，让学生主动理解学生事务服务承载的价值与理想，积极认同其中体现的正确的思想观念和价值观念。遵循学生的成长规律，坚持促进学生的全面发展，在充分开发个体潜能的基础上，注重个体差异，通过引导、激励、唤醒和鼓舞发挥学生的最大潜能，使之成为自觉优化、全面发展的个体。高校学生事务服务和育人活动要在坚持科学理论指导的前提下促进学生全面发展，既要关心学生的学习、生活等基本问题，又要重视学生的素质发展、人格培养、价值观确立等精神方面的需求和发展；既要关注学生科学文化素质的提高，又要注重提升学生的思想政治素质，促进其发展的可持续性；既要全面推进现代化、智慧化的服务模式，又要鼓励学生积极开展自我服务，丰富学生的实践活动内容，提高学生的综合能力。当然，在促进全面发展的基础上，也要尊重学生的差异化、个性化的特征，鼓励学生个性化发展。

四、积极推进“三全育人”

落实立德树人根本任务，关键是要做到全员、全过程、全方位。全员育人强调所有的学校教职员工都要参与到育人工作中去，充分发挥各自的职责作用，通过直接施教或间接引导的方式引领学生的思想和行为，实现“立德树人”的目标。全过程育人强调高校不仅要将“立德树人”贯穿高校教育教学全过程和学生成长成才全过程，融入高校育人工作的各个环节，以及学生从入学到毕业的整个过程，而且要考虑学生的长远发展，实现育人的未来导向，形成全领域、长时段、持续性的育人机制。全方位育人强调高校要从课内与课外、线上与线下、校内与校外多个维度落实立德树人根本任务，建立多元化、互补化、融合化的“大思政”格局。“三全育人”体现了“立德树人”的内在要求，顺应了人才培养的发展趋势，契合了思政工作的开展规律。推进高等教育“三全育人”，必须要把“立德树人”这一根本理念贯穿到思想引领、文化教育、社会实践的各环节，使其在学科体系、教学体系、教材体系、管理体系乃至服务体系等各方面都得到充分体现。高校要基于大学生的发展特点，充分整合和利用资源，构建全校范围的整体育人体系。“三全育人”体现了服务育人的最高境界，有助于高校真正建立立体式的服务育人机制，形成党委统一领导，各部门共同参与、齐抓共管的新格局，即党委统一领导，学工部、团委组织协调，辅导员、班主任积极参与，行政管理人员、后勤人员的重要作用充分发挥的新局面。另外，为全面贯彻落实习近平新时代中国特色社会主义思想和党的十九大精神，大力提升高校思想政治工作质量，“三全育人”综合改革试点工作的推进与成效分外重要。在学校层面，应以“十大”育人体系为基础，推动高校思想政治工作融入人才培养的各环节；在院系层面，要明确各项工作中的育人元素和逻辑，构建一体化育人体系。

第三节　服务育人协同机制

一、新时代服务育人协同机制的内涵

（一）协同与协同育人

1. 协同

对于“协同”，《现代汉语词典》给出如下解释：“各方互相配合或甲方协助乙方做某件事。”[①] 由此可见，“协同”一词强调的是主体之间的互动目标性及各方相互合作共同实现某一目标的行为。“协同”又是协同学最基本的概念之一，在协同学范畴内的“协同”主要是指“在一个复杂的系统内部，构成这一复杂系统的各子系统之

① 中国社会科学院语言研究所词典编辑室编：《现代汉语词典》第7版，商务印书馆2017年版。

间相互配合、相互影响、相互制约所产生的协同作用和合作效应，而在协同作用的影响下，整个系统便处在自组织的状态，体现在宏观和整体方面就是指这一复杂系统具有结构和功能。”新时代高校服务育人是由多个子系统组成的复杂系统，其内部各要素之间协同合作程度的高低，对于实现教育目标、发挥育人作用、达到育人效果具有十分重要的意义。因此，将协同理念融入高校服务育人的实际工作中显得尤为重要。

2. 协同育人

虽然学界围绕“协同育人”展开了一定的研究，但目前尚没有对其概念和含义做出官方界定或权威解释。研究者徐平利在《试论高职教育“协同育人”的价值理念》一文中，曾将“协同育人”诠释为“各个育人主体以人才培养和使用为目的，在系统内共享资源、积蓄能量的有效互动”。[①] 袁小平在《高校思想政治教育与创新创业教育的协同育人模式研究》一文中将“协同育人”定义为“两个或两个以上的不同资源或个体在系统内坚持资源共享、优势互补、责任分担、利益互赢、能量积蓄的原则，共同培养符合社会需要的高技能人才的有效互动过程或活动”。[②] 协同育人理念强调各育人主体之间相互配合、互通有无，从而实现整体效能的提高，这样不仅能够有效地避免各育人主体单兵作战的局面，而且对于提升教育水平、实现育人目标有重要的促进作用。

“机制”是一个西方概念，最早来源于希腊文。这一概念最初运用在自然科学领域，是指事物或者是自然现象的作用原理、作用过程及其功能。随着自然科学的不断发展，“机制”一词逐渐进入社会科学领域，意指构成社会的各要素之间的相互关系、运行过程及其运行原理。简而言之，“机制”强调的是一种相互适应、相互制约和自行调节的关系，以及各要素之间发生的运行过程和相互作用的方式。“机制”一

① 徐平利：《试论高职教育“协同育人”的价值理念》，《职教论坛》，2013 年第 1 期，第 21-23 页。

② 袁小平：《高校思想政治教育与创新创业教育的协同育人模式研究》，《教育评论》，2014 年第 6 期，第 100-102 页。

词既包含静态的内部各子系统自身及这些子系统之间的相互关系，又包含动态的相互作用方式和运行过程。

2. 新时代高校服务育人协同机制

笔者在系统分析和把握前人研究成果的基础上，尝试对新时代高校服务育人协同机制的内涵进行界定：新时代高校服务育人协同机制是指承担高校服务保障任务的各子系统在遵循协同育人原则的基础上，既各成体系又相互作用，为了实现共同的服务育人目标而形成的相互协作、取长补短、有机衔接的稳定的关系及其内在的运行方式和过程。

作为一种新的理念和模式，新时代高校服务育人协同机制具有以下特征：

第一，系统性。新时代高校服务育人协同机制是由多个要素组成的复杂系统，它通过对系统内的各构成要素进行调整与协同，使之达到平衡、完整的状态，其目标是使各要素组成的整体能够最大限度地发挥其功能，实现整体目标的最优化。因此，机制建设要从整体和全局出发，不仅要构建系统内部的最优结构，还要强调系统整体功能的发挥和整体效果的提升，并最终实现 1+1 ＞ 2 的功效。

第二，互动性。仅仅依靠学校内部各服务保障部门、家庭或社会等某一单一领域对大学生开展思想政治教育，难以达到预期的育人效果，而且各育人主体不是孤立静止的，而是联系且发展的。因此，必须将各个育人要素整合起来，使各部分既能够单独发挥自身的育人优势，又能相互配合、相互促进、相互补位，共同推动教育目标的实现。

第三，动态性。新时代高校服务育人协同机制，不仅仅是一个静态的概念，它还包括系统内部动态的运行方式和过程。这一特征要求我们用动态和发展的眼光去看待其内在的运行方式和过程，明白服务育人协同机制不是一成不变的，而是随着现实情况的变化不断发展和调整的。

（三）服务育人协同机制构成要素分析

要素是机制研究的重要对象。机制的运行是其内部各要素之间相互联系、相互制约、相互补充并最终实现整体功能和最终目标的过程。因此，对机制内部的各个要素及要素间的相互关系进行探索与剖析，能够为进一步建立健全新时代高校服务育人协同机制提供重要支撑。对机制的要素分析主要从主体要素、客体要素、载体要素和环境要素四个方面展开：

第一，主体要素。它主要是指机制内承担服务育人任务的组织或个人。按其所属的不同领域，可划分为校内服务育人主体、校际服务育人主体和校外服务育人主体三类。校内服务育人主体是指高校内从事服务保障工作的教职员工和职能部门，主要包括思想政治理论课教师、非思想政治理论课教师、校内管理人员、校内服务人员及负责开展学生服务保障工作的各级组织和部门等；校际服务育人主体是指高校之间为实现服务育人协同目标而形成的服务育人联合组织中的成员，主要包括各高校的服务保障部门领导、服务育人先进工作者、师生服务中心工作人员和相关管理人员等；校外服务育人主体是指高校外部承担服务育人任务的个人、组织和团体，主要包括家庭、社会、科研机构、合作单位及其组成人员等。

第二，客体要素。它主要是指思想政治教育的育人对象，这里的客体要素是高校青年大学生。在建立健全大学生思想政治教育协同育人机制的过程中，教育客体的配合对于激发教育主体的育人积极性、推动机制高效运行、提升思想政治教育的育人水平等有着不容忽视的作用。因此，要通过正确且有效的方式对客体实施激励，在这一过程中充分发挥大学生自我教育的积极性，使大学生个人、学生组织和学生团体等发挥能动作用，并且主动地参与到高校思想政治教育活动中，与教育主体相互配合，共同推动机制的良好运行。

第三，载体要素。它主要是指思想政治教育的内容和方法。新时代高校服务育人协同机制包含丰富的教育内容，即世界观、纪律与法治观、人生理想、人生价值、爱国主义、社会公德、职业操守、家庭美德等方面的教育。教育方法也多种多样，包括课堂讲授、网络教育、实践活动、大师讲座、环境熏陶、榜样宣传等。在具体的服务育人过程中，教育者要改变单一的说教方式，运用学生们喜闻乐见的方式，将教育内容潜移默化地传输到大学生的心中，并使之外化于行动，从而使服务育人协同机制真正发挥作用。

第四，环境要素。它主要是指服务育人协同机制在运行过程中，客观条件和外部状况，既包含宏观环境，又包含微观环境。微观环境主要包括课堂学习环境、学校管理环境、学校生活环境、化环境、学生家庭环境、学校硬件设施建设、师资状况等；宏观环境主要包括校际育人环境、校企育人环境、网络环境、社会风气、国家大政方针等。环境要素能够通过促进作用或抑制作用影响高校服务育人协同机制的运行效果。

二、服务育人协同机制实现创新发展

服务育人协同机制的内涵和外延会随着高等教育的发展不断丰富与变化，高校思想政治工作者应围绕学生有针对性地动脑筋、想办法、下功夫，构建以服务学生为中心的协同育人机制，并随时代发展转变理念、创新制度和方法。

（一）建设并发展大学生事务中心，提供集成式个性化服务

基于对校园公共资源的合理分配与促进思想政治教育更具成效的思考，我国部分高校尝试将具有学生事务服务性质的工作从学校的各职能部门中拆分出来，建设集教育、管理、服务于一体的线上线下相融合的“一站式”学生事务服务中心，为学生提供校园公共服务。

学生事务服务中心在服务育人理念的指引下统筹协调，整合校内各部门学生相

关事务，优化各项事务的办理流程，提高学生事务办理效率，推动学生服务与管理工作由“统一供给”向“个性化服务”转变。随着智慧校园建设的深入推进，不少高校设立了线上学生事务大厅，其与实体事务服务中心互融互通，进一步完善了校园各类公共服务，突破了学生事务服务在空间和时间上的限制，大大节约了学生办事的时间和成本，让学生拥有更多的幸福感和获得感。此外，高校还为学生事务服务中心配备勤工助学岗位，结合服务育人元素开展各种学生活动，将学生事务服务中心打造成学生自我管理、自我教育、自我服务的载体及平台。

（二）构建“互联网＋服务”模式，细化服务育人协同机制

在“互联网+”时代，随着信息技术的迅猛发展，新的媒体技术也在不断变革，为服务工作精细化创造了条件。第一，积极运用信息化手段，方便快捷、科学高效地办理学生事务。例如，在迎新阶段，充分发挥网络媒体的作用，让新生能够在入学报到之前，提前了解学校的基本情况，通过网络完成相关报到手续，入学时只需验证身份信息即可，这样不但提高了学校的工作效率，而且能减轻新生报到时对新环境产生的不安与无措，使其感受到学校的人文关怀。第二，在信息共享中实现部门联动。在高校管理中，往往有许多事务涉及多个部门，动态信息若不能及时共享、反馈，就会出现信息滞后、办事拖延的情况，大大影响学生接受服务的体验感。因此，要充分利用信息技术手段，及时共享动态信息，提高学生事务的办事成效。第三，健全学生事务管理信息系统，设置跨部门的业务流程和相对应的分级授权体系。从方便学生优于方便管理的角度出发，不以基于部门的信息管理系统构建学生事务管理信息系统，而是以面向“办事流程”和“业务场景”的应用为建设模式。

（三）培养学生主体意识，鼓励学生参与高校管理

长期以来，我国高校实施的是以学校为主体、学生为对象的教育管理模式。但随着市场经济的发展，大学生的思想观念、价值取向发生了巨大的变化，当代大学

生思想的独立性、选择性和差异性日益增强。首先，高校不仅要充分认识到学生参与校内管理的重要性，积极推动建立学生参与高校管理的机制，完善校务公开制度、学生代表大会制度、校领导接待日制度、学生评教制度等，而且要保障学生能正确、独立地行使决策权、表决权、投票权。其次，高校可以下放管理权力，鼓励学生自我管理。学生会、社团、协会等由学生为主体自行组织，教师仅负责技术指导和把握政治方向。就业服务中心、宿管中心、学生活动中心、资助中心等学生服务机构可聘请学生助理开展教育、管理和服务活动。最后，高校应成立学生监督组织，对宿舍、食堂等涉及学生权益的场所和设施实行管理监督。

第四节　服务育人保障机制

高校服务工作者也是教育者，是一支不上讲台的育人队伍。要实现服务育人目标，首先必须加强队伍建设，从岗位设置、聘用培训、绩效评价、监督考核等方面，完善服务育人的体制机制，在关心、帮助、服务学生中教育学生、引导学生、塑造学生。

科学完善的监督机制是保证高校服务育人工作有效推行的重要手段。高校要落实监督制度，加强对服务育人工作各环节的检查、监督和考核，落实服务目标责任制，科学有效地开展服务育人工作。服务育人工作的监督范围包括与学生成长成才息息相关的各职能部门、二级学院、学工队伍。首先，可设立全天候投诉渠道，如学生投诉热线、意见反馈邮箱等，定期开展服务满意度问卷调查，全面督察相关职能部门对服务育人思想的落实程度及其切实的工作效果，核查各职能部门服务育人工作职权使用是否得当，确保服务育人工作不缺位、不违规。其次，学生隶属于各二级学院，受学院的管理和教育，所以二级学院也是服务育人工作的重要承载单位。校职能部门要强化对二级学院相关职能科室的监督与考核，院领导也要分管各职能科室，加强对学院层面服务育人工作的监督。要重视学生服务需求，广泛征求学生意见。最后，要加强对学工队伍日常工作的监督。辅导员是学生日常思想政治教育和管理工作的组织者、实施者和指导者，在日常生活、事务办理中与学生的接触最多，其言语和行为都会潜移默化地影响学生。校职能部门及学院领导要注重对辅导员队伍的监督问责，凡在育人工作中不负责任、不履行职责、失职渎职造成不良影响的，要及时按规定给予相应处罚。

二、服务育人保障队伍建设

一支专业化、职业化程度高的学生服务队伍是高校实现服务育人目标的坚实基础和重要保障。校内各岗位的工作人员都肩负着育人职责，每一位服务工作者都要明确立德树人根本任务，坚持服务育人的工作理念，从而促进高校思想政治教育工作和服务育人机制有效融合实施。高校要实现全员、全过程、全方位育人，就要注重考察育人队伍的文化素养、育人资质，加强对各类岗位工作人员的选聘、培训和考核。

（一）注重人员的招聘与培养

坚持公开、公正、公平及竞争择优原则，录用德才兼备的高素质人才投身高校育人工作。持续性地对现有工作队伍进行教育培训，弘扬全员育人教育理念，营造全员育人教育氛围，唤醒全员主人翁意识，提升全员的担当意识、服务意识和奉献意识。积极实施员工素质提升计划，提高他们的服务育人能力，不仅要做好岗位工作的业务培训，还要进行专业的教育培训，包括理想信念、党史理论、管理学、教育学及心理学等培训，为高校服务育人工作顺利开展保驾护航。

（二）优化人员的管理与激励

高校可通过制度强化来保障服务育人工作，不断完善服务育人工作制度建设，建立完善翔实的工作考核标准体系，严格考核教职员工对服务育人工作的参与程度和融入程度，营造“以工作成效为导向”的良好工作氛围。通过激励先进、鞭策后进的方式，提升每位工作人员的积极性和主动性、专业化及职业化能力。此外，对于高校服务育人工作队伍，还可在一定范围内实行轮岗制度，通过阶段考核来进行科学合理的岗位配置。

第五节　服务育人评价机制

建立评价机制是实现高校服务育人长效机制的一个重要环节，是对服务育人成效进行总结、评估，并进一步指导、完善育人工作的有效途径。高校对育人工作成效的评价方法，一般采取自上而下的定性评价，而评价对象、服务对象则被排除在评价过程之外，难免会导致评价结果具有片面性、不客观性。高校需要建立一套科学、客观的评价机制来衡量服务育人工作的成效，并让评价结果与优化机制有效衔接，更好地围绕学生、关照学生、服务学生，让学生在接受服务的过程中受到思想引领，促进高校服务育人质量的提升。

评价主体可以通过服务育人指标体系科学化、评价过程专业化、大数据的科学应用、评价结果与优化机制相衔接等手段来提升服务育人评价机制的科学性和实效性，进而提升大学生的思想品格，并利用好典型宣传、表彰奖励等正向激励措施结合丰富的教育培训，增强服务队伍的育人意识和本领。

一、服务育人评价指标体系科学化

高校要以科学完善的评价机制促进服务育人工作的健康长效发展，就必须具有先进的理念、宽广的视野、发展的眼光，遵循新生代大学生的成长规律和个性特征，探索多维立体的科学评价机制。

（一）设置多层次评价体系

坚持定性评价与定量评价相结合、纵向评价与横向评价相结合的评价方法。服务育人工作涉及多个部门、多项事务，机制复杂，需要一套可行的多层次的评价指标体系。一是要坚持定性评价与定量评价相结合。定性评价是以育人成效为立足点，根据评价对象的日常工作、活动材料或荣誉成果，直接给予评价。但这种评价方式易受到评价主体的经验、专业等因素的影响，难以精准把握评价的客观性。因此，高校要结合岗位职责制定服务育人的定量评价指标，运用数据进行更客观、更精准的评价。二是要实行纵向评价与横向评价相结合。纵向评价是指对高校不同时期的服务育人情况进行比较，以确定育人成效的稳定性和发展性。横向评价则是指在同一时期内，将校内不同部门之间、兄弟院校之间的服务育人情况进行对比和评价，弥补纵向评价中主体单一的弊端，着力打通育人工作存在的盲区。

（二）设置先进性评价指标

服务育人评价体系是督促高校做好该项工作的技术手段，高校要顺应时代发展，关注学生个性特征，重新审视旧有的评价指标体系，剔除其中对育人指导意义作用影响较小、模棱两可、形式主义的指标，突显“做工”而非“唱功”。结合学校办学传统、校园文化特色、软硬件配置情况和学生个性特点等要素，从靶向服务、流程创新、教育引导等方向入手，重点关注学生在服务中受教育的目标是否实现，创新设计更加人性化、更有导向性的新指标来促进工作。

（三）探索发展性评价指标

评价的最终目的在于促进发展。发展性评价是指通过系统地搜集评价信息并进行分析，对评价者和评价对象双方的教育活动进行价值判断，实现评价者和评价对象共同商定的发展目标的过程，旨在促进被评价者不断地发展。高校应关注学生、教职员工、学校、社会发展的需要，在评价体系中体现最新的教育理念和人性化发展趋势，突出评价的激励与导向功能，激发学生、教职员工和学校的内在发展动力，促进其不断进步，让教职员工在服务中获得提升，让学生在接受服务中受到教育，双方都能够在适应社会需求的背景下，最大化地发掘自身价值。

（四）构建可视化评价体系

可视化评价是指依靠动态数据和可追溯的事实，将隐性的指标转化成显性的、可视的和可测的项目进行定量测量。区别于课程育人和科研育人等显性教育形式，服务育人大多是通过文化熏陶、实践体悟、示范引领等途径，引导学生在潜移默化中接受教育，更多的是属于隐性教育的范畴。构建高校思想政治工作服务育人评价指标体系，应当尽可能让服务育人的主体、客体、过程、效果等具体内容可视可测，从而提高评价结果的准确性和真实性。

二、服务育人评价过程专业化

通过评价来把控高校服务育人的全过程，可以及时发现育人过程中存在的问题并加以纠正，确保育人目标的顺利实现。而在评价过程中，需要注意以下几点，以确保评价的专业性、客观性和精准性。

（一）保证评价队伍的全面性

服务育人评价队伍的组成越全面，搜集的评价信息就越充分，评价结果也就越准确，能够更有针对性地解决服务育人体系中存在的问题。高校可邀请来自政府、学校、用人单位的行业专家和学者，建立校内外结合的监督评价组织体系，结合专家们不同的行业背景和专注点，促进评价指标的全面考量，保证评价结果的质量。同时，相关服务部门也要根据学校的服务育人评价标准和考核条例，定期开展自我检查和相互督查，及时改正服务育人工作中存在的问题。此外，高校应面向全校师生定期开展服务育人满意度调查，根据师生的反馈意见和期望诉求，动态调整服务内容、服务方式和评价机制，从而增强服务育人的效益。

（二）保证评价过程的公开性

高校服务育人评价机制的主要功能将评价结果公正、及时、准确地反馈给评价对象，促进其提升服务育人质量。为保证服务育人工作的评价结果能够切实发挥作用，在评价过程中需要做到全程公开，接受群众的监督，让服务育人评价工作不走过场、不变样。公开化评价还能让相关部门与工作人员心存戒律，认真贯彻落实服务育人的工作要求，时刻审慎自身的行为举止和道德修养，通过提供服务引导学生健康成长。

随着互联网的高速发展和推广，人们的社交网络不断延展，思想意识和行为方式都发生了深刻变化。大数据时代造就了新的社会环境，改变了传统的社交方式。目前，高校学生群体是被称为“网络原住民”的95后、00后，高校思想政治教育评价主体发生了很大变化，评价方法也必然需要创新性发展。之前，仅仅依靠问卷调查、职员述职、群众座谈、实地考察等形式得出结论的方式，主观经验判断的成分过大，评价方法的科学性、客观性不足，而实证量化分析又容易产生过度量化的现象，评价过程无法动态更新。

在新时代，高校服务育人评价机制也可以借助大数据在搜集、存储、处理与分析数据方面的优势，对服务数据进行挖掘，建立动态监测的大数据评价体系。科学应用大数据不仅可以对已有信息进行采集、汇总，而且有助于摆脱依靠直觉主观判断对被评价者内在真实素质的误判，使评价更加精准、客观、动态、长效，同时还可以推导出准确的预判结果，更有针对性地将思想政治教育贯穿服务中，既符合时代的要求与特色，又契合评价主体的行为特征，从而切实提升育人效果。

监督评价体系能否发挥作用，关键在于其是否能得到有效的反馈和落实，即是否建立了监督评价的闭环。对评价结果进行科学合理的反馈，并以此为依据优化和改进服务育人工作的方式方法，既能让系统的评价发挥应有的作用，又能保障下一阶段工作的正常开展。服务育人的监督评价要形成闭环，不仅应该做到有依据、有组织，还要做到有督办、有落实、有反馈、有巩固、有奖惩、有记录。这样，监督评价效能才能最大化，高校的服务意识、服务能力、服务质量和育人水平才能在改进中不断提高。

首先，要强化监督考核效能，落实服务目标责任制。把服务质量和育人效果作为评价服务岗位效能的依据和标准，选树一批服务育人先进典型模范，培育一批高校“服务育人示范岗”。其次，要正确引导对评价结果的认知，扩大评价结果的影响效力。评价结果不能仅仅体现在简单的奖惩方面，应当更好地发挥其激励和发展功能。评价不光是为了监督和考核，更是为了发现服务育人工作中存在的问题和不足，并采取恰当的方法，使其在现有的基础上得到实实在在的改进和发展。再次，根据评价结果可以及时发现学生思想素质中的显性问题和隐性缺陷，继而对服务育人工作者和学生开展更具针对性的主题教育、团体辅导等活动，或采用各种形式的干预机制。最后，通过全面的评价渠道，高校可以进一步了解学生的实际需求和日常困惑，提供靶向服务，更精准、更智慧地促进学生的全面发展，真正彰显评价机制的价值与意义。

第四章　农村经济管理概述

第一节　我国农村经济管理的发展

一、农村经济的概念

农村是相对城市而言的地区，它是社会大分工的产物。农村和城市的分离，是社会生产力发展的结果，是人类历史发展的进步。农村作为一种经济现象是不断变动的，即随着生产力的发展，不断从低级向高级发展。

我国农村地域辽阔，由于历史、社会、经济及自然条件等原因，农村的发展进程很不平衡。因此，目前农村并存着三种不同的类型：一是古代型，即主要从事农业生产，缺乏资金、技术和人才，刀耕火种，生产落后，生活贫困，如边疆民族地区。二是近代型，即在农业经济发展的基础上，乡镇企业、商业、运输业、服务业已开始起步，商品经济发展加快，如大多数的平原、丘陵地区。三是现代型，即现代工业、第三产业发展迅速，在农村社会总产值中，工业所占比重较大，工副业收入成为农民的主要收入来源，如沿海、沿江等经济发达地区。

农村经济是农村中的经济关系和社会关系的总称。它包括农村的农业、工业、商业、交通运输业、服务业、金融等经济部门的经济关系和经济活动。农村经济的概念，比农业经济的概念在内涵和外延上都要丰富得多。它是一种区域经济，具有很强的综合性。农村经济的发展，是指在农村这一广阔的区域内各产业的综合发展。

党的十一届三中全会以来，我国农村的发展出现了历史性转折。农业生产责任制的普遍推行，带来了生产力的解放和商品经济的发展，促进了农业劳动生产率的大幅度提高。在农业发展的基础上，农村的社会分工和非农产业有了发展，单一的农业经济开始向多部门的农村经济转变，原来处于农业附属地位的手工业、运输业、建筑业等产业都成了独立的生产部门，包括农村第一、二、三产业的农村产业体系得到迅速发育和壮大，乡镇企业成为农村经济的重要支柱，城乡分割的农村经济开始向城乡经济一体化转变。传统的自给半自给经济向社会主义市场经济转化，我国农村进入了一个新的发展时期。

我国农村经济的突破性发展，客观上需要理论研究的相应发展，加强农村经济管理的研究，推动农村经济的发展，对于实现我国社会主义初级阶段的历史任务“逐步摆脱贫穷，摆脱落后；由农业人口占多数、以手工劳动为基础的自然经济、半自然经济占很大比重的农业国，逐步改变为非农业人口占多数、商品经济高度发达的现代化的工业国”，具有极其重要的意义。

二、我国农村经济发展特点

新中国成立前，我国是一个落后的农业国，不仅农业生产方式极端落后，是以手工劳动为基础的个体经济，生产力水平也极为低下，在封建制度长期束缚和帝国主义长期压迫下，农业处于一种近乎崩溃的状态，农民生活水平极为贫困。中华人民共和国成立以后，社会主义制度的建立，大大地推动了我国农村经济的发展。特别是改革开放以来，我国农业和农村经济取得了辉煌的成就，我们靠占世界 7% 的耕地，养活了世界约 22% 的人口，整个农村经济发生了深刻的变化。

1. 农产品总量大幅度上升。

2. 农村经济发展较快。

3. 农村商品生产和交换活跃。

4. 乡镇企业异军突起，农村城镇化水平不断提高。

5. 现代技术的运用和装备有了一定规模。

6. 农村生活水平普遍提高，生活设施改善。

7. 农民消费观念发生了变化，消费质量显著提高，消费类型开始转换。

三、加强农村经济管理的重要性

我国农村经济的发展，同整个国民经济发展一样，经历了曲折发展的历程，严重束缚了农业生产力的发展。形成这种局面的根源，就在于领导决策失误、经济管理失误。

党和政府尊重农民的创造，不断总结实践经验，努力探索具有中国特色的农村发展道路，制定了一系列符合中国国情的方针政策，领导农村改革不断深入地健康发展。40 余年的农村改革，在基本经营制度、产权制度、流通制度、分配制度、调控方式改革等方面，都取得了实质性的进展，为发展社会主义市场经济打下了良好的基础。要进一步推进改革，促进农村经济的发展，就必须加强对农村经济的管理，提高农村经济管理的水平。随着现代科学管理的发展和应用，管理和技术被称为推动经济发展的两只飞轮。我国农村经济的发展也同样离不开科学管理这只飞轮的推进。

加强农村经济管理是贯彻落实党和国家的路线、方针、政策和法律、法规的需要；是深化农村经济改革，实现经济体制转变，建立社会主义市场经济体制的需要；是促进农村经济发展，实现经济增长方式转变的需要；是实现农村可持续发展的需要。

第二节　农村经济管理的研究对象和研究方法

一、农村经济管理理论的研究对象和主要任务

1. 农村经济管理理论的研究对象

要加快农村经济的发展，必须加强对农村经济的科学管理，而要加强科学管理，就必须加强农村经济管理理论的研究和发展。农村经济管理理论，就是适应这一需要，在我国农村现代化进程中，在农村经济管理的实践发展的基础上形成的一门新兴学科。它是以邓小平同志建设有中国特色社会主义理论为指导，运用马克思主义经济理论和现代管理理论，研究我国农村在实现两个根本性转变，推进农村现代化的进程中：如何合理配置生产力要素，合理有效使用各种资源；如何调动各方面的积极性，正确处理生产关系和适时调节上层建筑，以实现农村可持续发展的新理论。它以社会主义市场经济为主线，以我国农村现阶段的生产力和生产关系的运动为对象，从宏观和微观两个层次上阐述和分析当前我国农村经济发展过程中的管理理论和管理实践问题。

2. 农村经济管理理论的主要任务

我国农村经济管理理论的主要任务，是要研究当前我国农村在实现经济体制和经济增长方式的根本转变中，所提出的各种经济管理理论问题和实际问题。研究的目的在于深入探讨农村经济系统内部，各产业部门、各方面、各环节、各种要素之间的联系，以及农村市场经济运行的条件和规律，探索农村经济管理的科学组织和方法，以推动农村改革的深化，加快建立社会主义市场经济体制，努力实现经济增长方式由粗放型向集约型转变，实现可持续发展，加速农村现代化进程。

我国正处于由传统的计划经济体制向社会主义市场经济体制转变的过渡时期，

农村经济管理的一项重要任务，就是要积极推进改革，农村改革要按照建立社会主义市场经济体制的总要求，紧紧围绕确立农户和乡镇企业的市场主体地位，建立政府对农业的支持、保障、调控和服务体系这两条主线来加强管理，要围绕这两方面的要求来改革和完善管理体制、管理制度、管理方法和手段。

加强农村经济管理，必须把发展社会主义市场经济作为主要任务，为此，要研究如何运用市场机制，通过一系列的组织管理活动，把农村的资源优势转化为产品优势和经济优势；如何通过资源的有效配置，推动商品经济的发展，冲破自然经济的束缚，脱贫致富奔小康。

农村经济管理理论，还要研究探索实现我国农村的可持续发展，实现农业的现代化；研究我国农村经济结构的调整和优化，实现生产经营的社会化，技术手段和管理的科学化、现代化问题。

二、农村经济管理的特征

按照社会主义市场经济的要求，切实加强农村经济管理，必须了解我国农村经济管理的特征。我国农村经济管理的特征，可以从以下两方面考察：

1. 经济发展的阶段性特征

农村经济目标模式的选择不能超越社会主义初级阶段的总界限去寻求新的发展途径。它的目标模式选择只能是在这个阶段内去寻找实现总体阶段目标模式的各种具体目标模式及管理方式。新中国成立以来，我国农村经济虽有较大发展，但因底子薄，人口多，加上“左”的错误的折腾，我国农民的生活水平与农村经济状况还是比较差的。无论采用什么指标进行评估，我国作为发展中国家，与发达国家相比存在着较大差距。目前全国基本达到温饱水平，开始向小康目标迈进。我国还有好几千万贫困人口，扶贫任务十分艰巨。在这种情况下，我国农村经济管理只有遵循管理阶段性这一基本特征，针对不同阶段农村经济发展的具体状况，实施具体的管理措施。

根据我国经济发展三步走的战略部署，90 年代，我国人民生活开始从温饱向小康迈进，对农业和农村经济提出了更高的要求。从我国农业发展来说，开始进入由传统农业向现代农业转型的新阶段——农业的高产优质高效阶段。邓小平同志曾指出："中国社会主义农业的改革和发展，从长远的观点看，要有两个飞跃。第一个飞跃，是废除人民公社，实行家庭联产承包为主的责任制。这是一个很大的前进，要长期坚持不变。第二个飞跃，是适应科学种田和生产社会化的需要，发展适度规模经营，发展集体经济。"[①] 小平同志"两个飞跃"的思想，揭示了在农村经济发展的不同阶段，实施有效的管理的重要性。

农村经济目标模式体系融于农村经济发展阶段中。农村经济发展的阶段性是指区别于农村经济在其发展过程中的不同情况和条件下的相对时间限额内的质和量的差异性。正是这种差异性，决定了农村经济的总体目标体系是通过各个具体目标模式体系的阶段性实施来逼近的基本属性。90 年代我国农村经济发展的总目标是：在全面发展农村经济的基础上，使广大农民的生活从温饱达到小康水平。

2. 农村区域性特征

不同区域范围的农村在自然、地理、经济环境、生产条件、技术水平、劳动者的素质等方面的不同，农村经济的发展地域间存在着明显的时间差和空间差。我国是一个地域辽阔、人口众多的大国。沿海与内地，南方与北方，城市与乡村，其地理环境、自然资源千差万别，长期社会条件下形成的经济分布和经济技术发展水平也很不平衡。这一基本国情，决定了各地区在经济发展上具有不同的优势、潜力和特点。比如，黑龙江、吉林等地有种植粮豆的优势，山东、河北等地有种植棉花的优势，内蒙古、新疆等地有畜牧业优势。比如，一些山区和草原地区在粮食生产上比不上平原和鱼米之乡，这是其劣势，可是这些地区有丰富的矿藏资源或广阔的草

① 中共中央文献研究室邓小平研究组编著：《邓小平》，辽宁人民出版社 2018 年版。

原，发展一些矿业和畜牧业具有其他地区所不及的有利条件。在农村经济管理中，要利用地域之间的时间和空间差异，调配不同区域范围内各种生产要素，优先发展不同经营项目，通过互补效应寻求最佳组合，以充分发挥各种要素的综合功能，使不同区域的农村经济都得到稳步发展。

农村经济管理的主体是农民。我国农民是工人阶级的可靠同盟军，具有较高的政治觉悟，在社会主义革命和建设中做出了巨大贡献。在实现自给自足经济向大规模商品经济建设的转变的过程中，在向社会主义市场经济体制转变的过程中，表现出极大的热忱和积极性。但是由于历史的原因，农民的素质比较差，在文化水平、经营知识、思想观念等方面与城市相比，其差距是明显的。因此，农村经济管理的一项重要任务，就是要不断提高农民的素质，以适应农村市场经济发展的要求。

三、农村经济管理的研究方法

1. 一切从实际出发，实事求是的方法

一切从实际出发，实事求是，既是科学的研究方法，也是各项工作的根本指导思想。探索中国社会主义农村经济管理的规律，必须从实际出发，详细地占有材料，认真总结农村经济管理的实践经验，进行理论升华，引出符合客观实际而不是臆造的农村经济管理的规律性，用以指导管理实践。

（1）从我国的具体国情出发。我国社会主义农村经济管理规律的揭示和运用，只有植根于对具体国情的深刻认识的基础上，才能引出符合我国实际的规律，并在指导实践中取得较好的管理效果。

国情是一个综合性的概念，大致包括社会制度、资源、人口、自然条件、文化条件、生产技术基础、经济条件以及民族关系、历史传统和国际环境等方面。我国的主要国情是：从社会制度看，我国是社会主义社会，我们必须坚持而不能背离社会主义。但我国的社会主义还处在初级阶段，为此必须从初级阶段这个实际出发而不能超越。从自然条件和人口状况看，我国自然资源和劳动力资源丰富，这是进行建设的有利条件。但我国是一个 14 亿人口的大国，物质产品的需求量大，人均占有的土地面积、耕地面积、林地面积、草原面积和水资源、能源均低于世界人均占有量，这对我国经济的发展又带来了不利影响。从生产技术基础和文化条件看，我国社会主义建设的时间还不长，新中国成立 70 多年来生产技术和文化事业虽有较大发展，但总体水平和世界先进水平仍有较大差距。

（2）从农村的现状和发展趋势出发。我国农村经济现在正处于历史性的转变之中，农村经济正面临着一系列深刻的变化。面对农村经济的重大转化和农村发展的艰巨任务。农村经济工作还存在许多不适应，存在着不少深层次矛盾和制约因素：一是农业的基础地位不稳。二是农村经济体制还不完善，深化改革的任务十分艰巨。三是农村劳动力就业压力增大、区域发展不平衡，以及农业资源流失、生态环境恶化等深层次矛盾日益显露。

（3）从本地域的实际情况出发。我国自然条件东南西北各异，发展极不平衡。各地农村各有其优势和劣势。为此，对农村经济管理规律的研究和应用，不仅要从国情出发，从农村实际出发，还要从本地区的实际出发，因地制宜，分类指导，扬长避短，才能促进农村经济发展。

2. 系统的分析方法

从管理理论来说，系统论是现代管理中的一种重要思维方法。是否运用系统论于管理实践，是现代管理与小生产管理的一个重要区别。我们对农村经济管理的研究和应用，必须运用系统论来对由若干子系统构成的农村经济系统进行系统的分析，揭示对农村经济进行综合管理的规律性。

系统论的基本思想是整体性、综合性、适应性和最优化。整体性的最优化是系统论的最重要的思想。要把农村经济这个有机整体，看作是由农村生产关系及经济体制、生产要素系统和产业系统等构成的，是与城市经济相互联系、制约的，从而运用整体性思想，分析研究各系统的关系，力求探索综合管理的规律性。

3. 定性分析与定量分析相结合的方法

定性分析与定量分析相结合的方法，是农村经济管理的研究和应用中不可缺少的方法。事物的发展变化过程都是由量变到质变，量变和质变相互转化的过程。一切事物都有其质的规定性和量的规定性。农村经济同其他事物一样，都是质和量的统一体。因此，农村经济管理的研究，必须把定性分析和定量分析结合起来，只强调无论哪一方面而否定另一方面都是不对的。

第三节　农村经济管理的原则和目标

一、农村经济管理的原则

农村经济管理原则是指人们在对农村经济活动的管理过程中所遵循的行为准则。它包括整体效益原则、利益协调原则、民主管理原则和物质文明同精神文明相互促进的原则。

1. 整体效益原则

农村经济管理的整体效益原则是指包括经济效益、社会效益和生态效益在内的各种效益的统一及效应。按照系统论的原理，农村是由经济、社会、生态三大系统构成的有机整体。农村经济管理的整体效益原则就是要从农村经济和农村社会的整体出发，探索三大效益在不同情况下的最佳组合点，以激发整体内部各系统和系统的组合元素及其系统之间的整体功能，推动农村经济的发展。

2. 利益协调原则

我国农村经济管理的利益协调原则，从纵向方面讲，就是正确处理好国家、集体和个人三者之间的关系，包括全部生产过程中的生产、分配、交换、消费各环节和人、财、物、产、供、销等方面的关系。

国家、集体和个人三者关系的实质是一个物质利益的问题。农村经济管理中必须正确协调各方面的物质利益，形成有效的利益激励机制，充分调动各个方面的积极性，以推动农村经济的加快发展。

从横向方面讲，要正确处理企业与企业、个人与个人之间的关系，建立适应社会主义市场经济要求的，符合农村经济运行实际的利益调节协调机制，以利于调节各群体之间的利益关系。

3. 民主管理原则

农村经济管理对农村经济系统的管理不仅要依靠管理人员及其管理集团在长期的实践中积累的智慧和经验，而且还必须在充分发挥各行各业的专家、能人志士以及不同层次的生产、经营者智慧和才能的基础上，实行民主管理。

民主管理的科学含义，是要在农村经济管理中，充分实现人民群众当家作主的民主管理权利，在经济领域真正确立人民群众的地位。民主管理是由经验性管理转向科学管理的重要标志。长期以来，我国农村经济管理大都采取经验性管理方式，以领导人的意志做出决断，这样在实践中往往导致重大失误。实行民主管理，就能保证决策的科学性，广泛听取来自不同方面的意见，然后集中群众智慧，正确进行决策。

民主管理是多层次的。一是农村经济管理单靠管理者是难以办到的，必须发挥不同层次的生产经营者的积极性，根据统一的管理目标自我管理，互相管理。二是实行分级管理，调动农村经济管理系统的全体管理人员的积极性，发挥他们的能动作用。三是在总的管理目标下，给经营者以自主权。

4. 物质文明同精神文明相互促进的原则

社会主义物质文明建设和精神文明建设不仅互为条件，而且互为目的。一方面，建设高度的社会主义物质文明是社会主义精神文明的目的。建设社会主义精神文明不仅是为了发展教育科学文化事业，培养有理想、有道德、有文化、有纪律的社会主义新人，而且是为了保证和推动高度的物质文明建设。另一方面，建设高度的社会主义精神文明又是社会主义物质文明建设的目的。建设社会主义物质文明不单是为了生产力不断发展，人民物质生活不断改善，而且也是为了保证和推动教育科学文化事业的发展，促进人们社会主义、共产主义思想觉悟和道德水平的提高。

加强农村社会主义精神文明建设，努力造就一代有理想、有道德、有文化、有纪律的新型农民，要不断提高农民的思想道德素质和科学文化水平，教育农民自觉抵制封建主义残余和资产阶级腐朽思想的侵蚀，破除封建迷信，克服社会陋习，树立社会主义新风尚。深入进行普法教育，增强法治观念。重视农村社会主义文化阵地建设。开展农民喜闻乐见的、健康有益的文娱、体育活动。要加强村镇建设，改善居住环境。要坚持开展爱国卫生运动，抓紧农村医疗卫生网建设，等等。所有这些工作，需要我们去认真组织实施，切实加强领导，使农村经济管理真正贯彻体现“两手抓，两手都要硬”的方针。

二、农村经济管理的目标

管理目标是一切管理活动的依据。它既是一切管理活动的出发点，又是一切管理活动所指向的终点，所要达到的结果。管理目标也是考核管理效率和成果的标准。农村经济管理目标是以经济和社会发展目标为主要依据确定的。确定管理目标必须以客观规律为依据，从我国农村实际出发，充分考虑需要与可能。

1. 提高综合经济效益

农村经济管理的基本目标是提高效益。效益包括经济效益、社会效益和生态效益。经济效益，就是投入和产出的比率，其基本要求是以最小的投入获得最大产出。社会效益，就是社会需要的满足。满足的程度越高，社会效益越大。生态效益是指投入一定劳动给生态系统的生物因素和非生物因素进而对整个生态系统的生态平衡造成某种影响，从而给人的生活和生产环境产生某种影响的效应。

农村经济管理中要综合考虑提高经济效益、社会效益和生态效益。农村经济活动中，占用和耗费一定量的劳动，不但会产生一定的经济效益，而且同时还要产生一定的社会效益和生态效益。这三者是共生的、和谐的、相统一的。但经济效益、社会效益和生态效益又是矛盾。世界上一些工业发达国家在长期发展中，只讲求直接经济效益，导致世界性的环境污染、生态危机。我国农村经济发展中，也存在片面追求效益，损害社会，破坏生态环境的现象，为此协调三方面的关系，提高综合效益，这是农村经济管理必须关注的重大问题。

2. 社会经济持续、快速、健康发展

持续、快速、健康发展，是我国社会经济发展的基本方针，也是我国农村经济管理的基本目标。在我国农村经济的发展中，曾多次出现波折。每次波折都造成经济发展的巨大损失。保持农村经济持续、快速、健康发展，对于整个国民经济的发展关系重大。为此必须坚持以农业为基础的方针，把发展农业放在最优先的位置。农业是经济发展、社会安定、国家自立的基础，没有农村的稳定和全面进步，就不可能有整个社会的稳定和全面进步。经济建设，必须始终把农业真正摆在首位，切不可农业状况一有好转，就忽视和削弱农业的基础地位。要警惕和防止放松粮食生产的倾向，始终把粮食生产摆在农业的首位，稳定播种面积，提高单产，提高品质，提高商品率。

3. 培养和造就人才

农村经济和农村经济管理都是人的活动。在农村经济和农村经济管理活动中，领导者和管理者的地位和作用是十分重要的。领导者和管理者的素质是农村经济发展的结果，又是农村经济发展的标志之一。培养和造就人才，既是农村经济管理的需要，又是农村经济发展和农村经济管理的目标。

当前，我国农村经济发展和农村经济管理的加强，关键的问题是缺乏人才。一些地方的集体经济得到巩固和发展，农民生活水平迅速提高，一个最基本的原因就是这些地方有一批管理水平较高的干部；一些地方长期处于落后状态，一个最基本的原因就是缺少人才。培养和造就一大批经营管理人才，这是推动农村经济发展，提高农村经济管理水平的关键。

培养和造就人才，首先，要提高认识，克服轻视人才、轻视知识的错误思想，树立尊重人才、尊重知识的新观念。其次，要发展教育、培养人才。要改革教育体制，培养一大批适应农村经济发展需要的各类人才。再次，要搞好培训，更新知识，提高管理水平；最后，要在农村改革和发展的实践中，选拔新人，在实践中锻炼、教育人才。

第五章　农村经济管理体制

第一节　农村经济管理体制的概念和性质

一、农村经济管理体制的概念

农村经济管理体制涉及体制、管理体制、经济管理体制等概念。把握这些基本概念，才能更好地明确农村经济管理体制的内涵。

所谓体制，是关于国家机关、企事业单位机构设置、隶属关系和权限划分等方面的体系和制度的总称。按其范围大小可分为宏观体制和微观体制。前者是关于国家机关的机构设置、相互关系和责、权、利划分等方面的体系和制度；后者是关于企事业单位内部的机构设置、责权利划分及其职能分工等方面的体系和工作制度。

管理体制是体制的一种，主要有政治管理体制和经济管理体制。它是关于国家机关、企事业单位在领导和管理政治、经济及其他社会事务等方面的管理制度、形式、方法的总称。

经济管理体制，又是管理体制的一种，是经济管理体系和制度的总和。所谓经济管理体系，是指从中央到地方，到企业，直到企业内部的各层次之间的经济管理系统。这种管理系统中既存在着上下级之间的纵向关系，又存在着同一层次的不同地区、不同单位之间的横向关系。所谓经济管理制度是指整个经济管理系统中各层次、各单位之间相互关系的处理方式。其实质和核心是经济管理系统中纵横交错的网络关系中各级、各层次、各部门、各单位之间责任、权力、利益的划分和实现。

农村经济管理体制是经济管理体制的一个重要组成部分。它是农村经济管理的体系和制度的总和。就其实质而言，它主要是指国家、集体和农民共同组织和管理农村经济活动的制度的形式。农村经济是农村中各种经济关系和经济活动的统称。经济活动作为一种社会行为，是指人类在共同生活中为获得必需的物质资料而进行的生产、交换、分配和消费活动。人们在经济活动中所发生的社会关系，即经济关系。

二、农村经济管理体制的性质

农村经济管理体制的性质与经济管理的性质具有不可分割的联系，又有着质的区别，为此，要了解农村经济管理体制的性质，先要研究经济管理的性质。

马克思在对资本主义生产关系的分析中，明确指出管理具有两重性。一重是指生产力的组织，是管理的生产力属性，又称自然属性。经济管理的生产力属性，属管理一般属性，是中性的，社会主义与资本主义可以相互借鉴；另一重是生产关系的调节，是管理的生产关系属性，又称社会属性。它反映掌握生产资料阶级的利益与意识，具有阶级性。在这方面，不论是管理权限的归属，还是管理的参与方式，社会主义同资本主义都存在着根本的区别。

经济管理体制既然是经济管理的体系和制度的总和，当然，它必然反映生产力合理组织的需求，以及生产关系调节的具体要求。但就其实质来说，它主要是生产关系或基本经济制度的具体形式。同时也包括一部分同生产关系紧密相关的上层建筑的内容，诸如经济法规、管理方式等。据此，就经济管理体制的性质而言，主要是生产关系的具体形式，属于生产关系的范畴。农村经济管理体制，是整个经济管理体制的重要组成部分，其性质也必然是生产关系的具体形式，属于生产关系的范畴。

明确经济管理体制的性质，在理论上和实践上都具有重大意义。从理论上讲，可以使我们遵循生产关系必须适合生产力性质的原理，去把握经济管理体制合理与否，以及检验经济管理体制改革成败的根本标准。这个标准是：凡是一切有利于生产力发展的东西，都是符合人民根本利益的，因而是社会主义所要求的，或是社会主义所允许的。可以促进我们加强调查研究，不断总结经验，执着追求、锐意进取、兴利抑弊，深化农村改革，调动各种积极因素，促进生产力发展。

第二节　农村经济管理体制的职能和内容

一、农村经济管理体制的职能

农村经济管理体制是有多种职能，概括起来，可分为对内职能与对外职能。

农村经济管理体制的对内职能，主要是通过计划组织和各种规章制度，使经济组织的对外经济活动能有正确目标，对内合理地组合人力、物力、资金、技术等生产要素，正确处理人与人之间和人与物之间的关系，在生产和经营活动中，注重效益，提高质量，协调发展，稳定增长。一句话，发挥管理部门的作用，使人、物、财、地、畜、机、技术、信息等的管理，有序地、有效地进行，从而使经济组织内部保持旺盛的活力。

过去，我国农村经济组织缺乏应有活力的一个重要原因是，国家对它们管得太多太死，劳动者的主人翁地位没有真正确立起来。为了充分发挥经济管理体制的对内职能，一方面，要根据所有权与经营权可以分离的原理，采取恰当的经营形式，使包括千家万户农民在内的经济组织真正成为经济实体，具有自我改造、自我发展能力，成为市场竞争的主体。另一方面，经济组织要在各项制度中，切实保障职工的地位，使他们的劳动与自身的物质利益紧密结合，才能调动职工的积极性、智慧和创造力，使企业具有源源不断的活力。

我国农村的经营形式多种多样，其中统分结合的双层经营体制是主要形式。在"统"这个经营层次中，除具有上述职能外，还有调节职能、服务职能和积累职能。这三个职能发挥得好，不仅能发挥原有生产力的作用，而且还能创造新的社会生产力。

农村经济管理体制的对外职能，主要是在宏观管理与微观管理之间起纽带作用，即与宏观管理体制相联系，以获得国家和社会的重大经济信息和宏观指导。对于国家和社会来说，也需要通过各种渠道和经济单位相联系，使宏观管理落实到微观管理之中。

二、农村经济管理体制的内容

农村经济管理体制是一个很广泛的领域，其内容反映着农村中的各种经济关系，诸如国家和企业、中央和地方的关系，企业内部的经济关系，以及宏观经济管理体制和微观经济管理体制及其关系，等等。

宏观农村经济管理体制，是指国家对农村各产业、各部门的领导，反映国民经济与农村各产业、各部门的经济关系，不同生产资料所有制之间的关系，以及两种公有制企业和家庭经济、个体经济、私营企业之间的关系。其主要内容是：一是国家领导农村企业的组织系统与决策系统。如国有农场的组织领导系统，集体农业经济、个体农业经济、家庭经济的组织领导系统，乡镇企业的组织领导系统，农村财政、金融的组织领导系统，农村商业服务业的组织领导系统等。在确立和改革领导农村经济的组织系统中，至关重要的是建立相应的决策体系。即改革决策高度集中的做法，实行中央、地方、企业的多层次决策体系；加强经济管理的经济性，给企业应有的生产和管理的自主权。二是计划管理体制。农村经济是社会主义市场经济的重要组成部分，应建立适应农村市场经济的计划体制。它的基本形式是指导性计划，主要手段是经济办法。三是经济管理制度与经济法规。这是国家对农村经济实行领导的主要保证。国家对农村经济实行经济管理的制度，体现了国家管理农村企业的方式和方法。对不同性质的企业实行统一的管理方式和方法，创造平等竞争的政策环境。经济法规是国家管理经济的重要手段，它对规范经济主体的行为，规范市场竞争秩序，保证经济活动的有序性具有重要意义。为此，必须建立健全适应农村市场经济运行要求的法规体系。

微观农村经济管理体制是指农村企业内部的管理体制，它体现企业内部各级之间的纵向和横向关系、干群之间的关系、经济合同各方之间的关系、企业和个人之间的关系。其关键是明确各方的经济责任、经济权力、经济利益，紧密结合协调落实。

宏观农村经济管理和微观农村经济管理是相互制约、相互影响的。微观搞活要在宏观指导下进行，宏观调控要在微观搞活的基础上实现。

第三节　我国农村的经济管理体制改革

中华人民共和国成立初期，我国是一个典型的经济落后的农业国。当时面临的首要任务就是迅速实现国家的工业化，建立起门类齐全的工业体系。一切其他的经济目标都是为工业化这个总目标服务的。在这种战略目标的安排下，资源配置必然是倾斜式的，即用高积累政策来发展工业。采用高积累政策必须解决三个问题：降低投资的成本、有资金积累的来源、解决工业发展的市场问题。

我国广大农民从实际出发，打破社区和所有制界限，建立了一种新的专业性合作经济组织，专业协会和多种形式的农工商、贸工农一体化组织，体现了自愿互利原则，有较强的服务功能，特别是在建立专业化商品生产基地，扩大生产规模，减少市场风险等方面，发挥了重要作用。对此，要满腔热情予以支持，并使之逐步规范化。规范化不是一律化，不是取消多样化。

各种经济组织之间都有一种相互依赖、相互补充、相互促进的关系。我国地域广大，经济发展的差异性很大，经济组织形式将是多种多样的，要尊重各地和广大农民群众的选择。

在探索中发展完善农村股份制经济。股份合作制已在农村出现，目前仍处于探索阶段，股份合作企业在资产来源、运作方式、收益分配等方面都呈现出多样化。农村股份合作经济的出现，是来自实践、源于群众的。它促进了生产力的发展，聚集了资金，扩大了经营规模。对于建立集体资产的监督管理机制，理顺分配关系，引导农民走向合作经济道路等方面，起了积极的作用。

要认真总结股份合作制推行的经验，逐步使之规范化。对于农民自发组织的，应逐步强化其合作的因素。对于集体企业改造而成的股份合作企业，要强化股份因素，实行较为规范的股份管理办法。无论哪种股份制企业，都要逐步强化集资、融资的功能，又要突出转换企业经营机制，理顺产权关系这一深层次目标。

逐步增强集体经济实力。集体经济实力的含义，是指乡村集体经济组织可以统一支配的财力和物力。集体可以统一支配的财力物力不多，适应不了为农民服务和举办公益事业的基本要求，这个问题解决不好，不仅影响生产发展和农民收入增加，也会影响基层政权的巩固。

我国农村许多地方集体经济底子薄，积累能力差的问题由来已久，增强集体经济实力需要一个过程。一些地方在集体经济的管理上也还存在一些漏洞。所以，农民既希望集体有实力，又怕肥了少数干部的腰包；既期望加强必要的统一经营，又怕侵犯了自己的经营自主权，切了自己的“蛋糕”，因此，增强集体经济实力，必须严格掌握政策。一是必须依靠生产的发展和集体自身的积累，着力于利用当地资源进行开发性生产，兴办集体企业，发展服务事业，搞好土地和其他集体资产的经营管理，增加统一经营收入。二是要量力而行，不可下硬指标，一哄而起，急于求成。三是要强化集体的财务管理，防止集体资产的流失。四是在集体财力物力使用政策上要向贫困村倾斜，给予必要的扶持，使之形成自我发展的能力。

今后，对我们这样一个有 14 亿人口的大国来说，国家对粮食等重要农产品始终要保持一定的收购量。但是，收购价格必须按照价值法则，参照农产品供求、成本和比价关系合理制定。除此之外，其余农产品完全放开，实行自由购销。为稳定购销关系，对自由购销也提倡实行产销直挂，签订购销合同。

在农产品价格和购销逐步放开实行市场化的条件下，如何把分散的小农组织起来有序地进入市场，是一个十分重要的课题。国际上的有效经验就是搞合作社。我国 50 年代初也成立了供销合作社和信用合作社。但由于众所周知的原因，这些合作社几度沦为“官办”。改革以来，这些合作社在经营上的灵活性大大增强，但组织上的群众性和管理上的民主性却基本没有实现。今后，在坚持对“两社”进行改革的同时，要重点培育和发展农民合作组织，如各种专业协会，各种种养加、产供销、贸工农一体化经营组织等。

深化农村流通体制改革的另一重要内容是加快市场体系建设。如果说放开价格是政策的快变量，那么建立市场就是慢变量。如果没有市场，生产的波动就会加剧。因此，要继续发展各类集贸市场和专业市场，特别是大力发展批发市场、发展期货市场，形成以集贸市场为基础，以批发市场为中枢，以期货市场为先导的农产品市场体系。同时，也要对各种要素市场予以重视，当前特别要重视的是劳动力、资金、信息市场的发展。

加强政府宏观调控，建立健全农业的支持保障体系。在市场经济条件下，农业作为弱质产业，需要政府给予强有力的调控、支持和保护。

（1）研究制定发展战略。政府对农业的管理工作，要从以行政手段管理为主，转到重视研究农业和农村经济中长期发展战略，制定实施规划；研究制定产业政策；组织协调重大农业基础设施和跨地区的农产品基地建设，包括投资管理；发布主要农产品价格及市场信息；指导农产品供求总量平衡等。

（2）实行财政补贴。在市场经济条件下，政府对农业的支持和保护主要就体现在财政补贴上。世界各国对农业无一例外地都实行程序不同的补贴。过去，国家财政对农业的直接补贴数量很少，主要是用在流通领域和消费环节，今后应当主要转向补贴农业生产和农用工业上。

（3）实行价格支持。政府对粮食等大宗农产品实行保护价收购，保护价应按生产成本加适当利润的原则确定。当市场价低于保护价时，政府应按保护价敞开收购。从长远看，国家对农业还应当实行支持价格，设立风险基金，包括生产风险基金、价格风险基金和储备调节基金等。

（4）健全重要农产品的专项储备制度。要合理确定储备规模，逐步实现政府专项储备和商业库存的分离。

（5）扶持农业技术推广等社会化服务组织的发展。农技、农机、畜牧、兽医、水产、林业、水利等技术推广服务组织，是政府在基层的本业单位，也是农业社会化服务体系的依托力量。要保持其机构和队伍的稳定，财政应负担其外业经费，并保证逐步增加。

（6）继续实行乡镇企业以工补农、以工建农。实践证明，这是促进农业发展、在农业和农村内部形成一种自我积累、自我发展机制的有效形式，以工补农、以工建农的形式要由主要补偿农民收入向主要改善农业生产条件特别是进行一些基础设施建设转变。国家应在乡镇企业税前列支中对以工补农、以工建农支出给予更多的优惠。

第六章　生产要素管理

第一节　人力资源管理

国内外学术界从不同层面对“人力资源管理”进行了界定。我们从课程分类层面看，可以把人力资源管理分为宏观管理和微观管理。从宏观管理角度来说，人力资源的管理是对整个社会的人力资源进行计划、组织、控制，从而调整和改善人力资源状况，使之适应社会再生产的要求，保证社会经济的运行和发展；从微观管理角度来说，人力资源的管理是通过对企业、事业组织的人和事的管理，处理人与人之间的关系，人与事之间的配合，并充分发挥人的潜能，对人的各种活动予以计划、组织、指挥和控制，以实现组织的目标。由此，我们可以把人力资源管理阐释为：运用科学方法，协调人与事的关系，处理人与人的矛盾，充分发挥人的潜能，使人尽其才、事得其人、人事相宜，以实现组织目标的过程。

一、农村人力资源状况

我国从 20 世纪 70 年代末开始，在人口与经济、社会、资源、环境之间的矛盾影响下，把实行计划生育、控制人口数量、提高人口素质确定为一项基本国策，并在《中华人民共和国宪法》中做了明确规定。但是农村人口增长速度还是居高不下。农村人口的急剧增长和农村经济的发展，使人类与自然关系逐渐变得不和谐，从而造成了许多灾难性的后果。为了处理好人与自然的关系，针对农村人力资源的开发，农村人力资源管理应运向生。农业在进入可持续发展阶段后，农村人力资源的管理是其发展的内在动力。

根据国家统计局相关调查，农村劳动力文化素质高低与生产要素的投入、占有、使用及经营效益呈正相关，农村人口受教育程度与经济收入有最为直接的关系。农村人口素质对消除目前分配上存在的“脑体倒挂”现象使收入分配趋于合理也有着重要的影响。所以加强教育，开展技术培训，大力提高农村人力资源水平刻不容缓，提高人力资源水平是消除农村贫困、增加农民收入，推进农业可持续发展的内在动力。实施乡村振兴是党中央在解决好“三农”问题的新方略，为社会主义新农村建设在升级中指明了方向。乡村振兴既不是就农村而谈农村，也不是简单的“城市反哺农村”“将农村城市化”，而是要把城市和农村对接融合，达到共同发展的目标。要遵循乡村自身的发展规律，走特色发展的道路，补短板、扬长处，注重内外兼修，使人尽其才、事得其人、人事相宜，共同促进农村生态、产业、文化等方面的发展。

乡村振兴，人才为先。农村建设的一个重要原则就是“以人为本”，实现乡村经济、社会、文化等的发展，需要“有文化、懂技术、会经营”高素质农民积极参与，要靠人才推动。要实行有效的人力资源管理，才能够让各类人才在农村大显身手、各展其能。农村人力资源管理既可以满足农村产业结构调整升级的需要、农业可持续发展的需要，又可以满足农村劳动力返乡创业的需要，所以加强农村人力资源的管理在当前是非常必要的。

云南省大理白族自治州近年来在加强农村基层带头人队伍建设、加强农村实用技术等人才培养、积极培育地方特色农业和充分发挥志愿者服务组织和志愿者作用等方面都做出了不断的努力。与此同时，不断增强社会各界的参与度，致力打造有个人参与、家庭参与、企事业单位参与、党政机关参与、社会组织参与的工作体系，尽可能形成乡村振兴的强大合力。

二、农业劳动力利用率

农业劳动力利用率是投入农业生产经营活动的劳动力数量与拥有农业劳动力总量的比值。一般情况下，其比值越大，农业劳动力的利用程度就越高。对于农业劳动力利用率问题，从社会经济发展的角度看，应使社会总劳动量在城乡各经济部门的分布趋于合理，使社会总劳动量获得有效的利用；从农业内部看，应首先将种植业的多余劳动力向林、牧、渔业转移，使农业内部的劳动力分布处于较好的利用状态。

中华人民共和国成立以来，人口增长过快，农村剩余劳力过多，长时期缺乏有效的政策措施推进农村劳动分工，及时而迅速地将多余劳动力向农外产业部门转移，使大量过剩劳动力长期在“集中劳动”“统一分配”下被掩盖起来。

以大理白族自治州为例：大理白族自治州是农业大州，总面积 2.95 万平方公里，山区面积占 93.4%，坝区面积占 6.6%。全州辖 12 县市 110 个乡镇，共有行政村、居民委员会1157个。截至2017年年底总人口为361.88万人，乡村人口为272.52万人，全州乡村劳动力资源数 181.70 万人。乡村从业人员 168.32 万人，其中，农业从业人员 113.20 万人，外出务工劳动力 57.16 万人，长年外出务工人员 46.29 万人。① 从这个数据上可以反映出大理白族自治州农业从业人员仍然占了较大的比重，大部分的农村劳动力主要还是从事农业经营活动。

其中较为典型的案例是：永平县永启公司由返乡农民工肖永启创建，公司现有固定资产 1200 万元，厂区占地 20 余亩，固定职工 56 人。② 永启公司是一家以家用铁艺家具、圆钢钉制作为主要经营范围，以时尚高中档藤编休闲餐椅系列为核心服务内容，集设计、开发、生产、销售于一体的手工制作企业。在精准扶贫、精准脱贫中，以当地藤编龙头企业永启金属制品公司为基地，分别在各乡镇设立藤编产品

① 该案例出自杜悦悦，胡熠娜，杨昉，等：《基于生态重要性和敏感性的西南山地生态安全格局构建——以云南省大理白族自治州为例》。

② 该案例出自杜悦悦，胡熠娜，杨昉，等：《基于生态重要性和敏感性的西南山地生态安全格局构建——以云南省大理白族自治州为例》。

集中收购点，通过大批量开展“永平藤编工”技能培训，让经过培训掌握技能的学员在家中生产藤编产品，使每个家庭都成为一个生产车间。编织出的产品集中交给公司设在乡镇或村的接货点，运往公司统一销售，让无法离乡的贫困劳动力，特别是残疾人和农村妇女都能够参与其中，获得收入、实现脱贫。企业针对老弱者、妇女、残疾人“留守一族”，开创“扶贫车间”，使周边地区 1380 户、4000 多人在家门口实现就业。其中，建档立卡贫困户 1100 人、残疾人 260 人，年均支付工资 510 多万元，使留守贫困人口、残疾人等实现脱贫致富。[①]

三、优化人力资源管理

人力资源优化是根据农村总体战略目标，科学地计划、预测农村经济在变化的环境中人力供给和需求的情况，从而制定出必要的政策和措施，以保证农村经济在需要的时间和需要的岗位上获得需要的人力，为实现农村经济发展战略目标提供服务。制定规划，既可以保证人力资源管理活动与农村经济发展战略方向目标一致，又可以保证人力资源管理活动的各个环节相互协调，避免不必要的冲突。与此同时，在实施农村经济发展战略规划时，还必须在法律和道德观念方面创造一种公平的就业环境。切实做到将人力计划、人力增补和人员培训三者相结合，合理规划人力资源发展；合理改善人力资源分配不平衡的状况，促使人力资源的合理运用；适时、适量、适质地配合组织发展的需要以及通过人力资源效能的充分发挥，降低用人成本。我们在对人力资源进行优化管理的时候要注意的内容主要包括：

（1）预测和规划本组织未来人力资源的供给状况。对本组织内现有的所有人员的年龄、性别、有关技能、职业方向等方面的信息资料进行预测。分析组织内人力资源流动、调动的情况，相关部门工作岗位设置的情况、人数需求的情况以及人员

① 该案例出自杜悦悦，胡熠娜，杨昉，等：《基于生态重要性和敏感性的西南山地生态安全格局构建——以云南省大理白族自治州为例》。

培训的情况等。

（2）对人力资源的需求进行预测。在预测和规划本组织未来人力资源的供给状况的基础上，根据农村经济发展的战略目标预测本组织在未来一段时间需要什么样的人才，对需要的数量、质量、层次都要进行充分的预测。

（3）进行人力资源供需方面的分析比较。预测出未来一段时间内人员的短缺或过剩的情况，还可以了解到每个岗位上人员余缺的情况，预测需要具有哪一方面知识、技能的人员，这样就可以有针对性地挖掘、培养相关方面的人才，并为组织制定有关人力资源的政策和措施提供依据。

（4）制定有关人力资源供需方面的政策和措施。这是人力资源总体规划目标实现的重要保证。通过人力资源供给测算和需求预测比较，组织应制定相应的政策和措施，并在有关的政策和措施审批后具体实施。例如，与人力资源开发有关的员工职业技能的培训、专业人才的培养、人员接替轮换方案以及员工职业生涯规划等。

（5）评估人力资源优化的效益。在进行农村人力资源规划时，人力资源管理工作的重要部分直接影响到各种人员的配置问题。在一个长期发展的阶段，农村人力资源状况始终与农业产业化需求保持一致。优化人力资源，需要进行实时动态的管理，顺应农业产业化发展的需求，对管理过程和结果不断进行监督、调整、控制、考核与评价，并重视信息的反馈，使不断优化的管理方式更加切合实际，更好地促进组织目标的实现，切实做到上承战略，下接人才。

【案例链接】①

大理州农广校“党建＋技能培训”

大理州农广校党支部以习近平新时代中国特色社会主义思想和党的十九大精神为引领，把“三农”思想融入教育培训全过程，以学习交流农业生产先进技术经验

① 该案例出自杜悦悦，胡熠娜，杨昉，等：《基于生态重要性和敏感性的西南山地生态安全格局构建——以云南省大理白族自治州为例》。

为依托，引领全州农民强化学习教育，提高素质技能，鼓励组建成立各类涉农企业，带领各地群众增收致富。大理州农广校党支部书记、校长曹德贵说，2017 年以来，共举办培训班和培训会 1000 多场次，培训农民 10 万多人次；新型职业农民组建各类涉农企业 300 多家，带动农户 5000 余户。

党员带头讲政治，振兴产业好脱贫。全州各级农广校在基层党组织的引领下，党员教师充分发挥强化教育培训的先锋模范作用，肩负起提升贫困户技能水平与综合素质的重要职责。始终把农民教育培训作为产业精准扶贫和精准脱贫重要抓手，让贫困人群优先参加专业技能、专业服务培育。组织师资、专家和农技人员深入贫困村，面向务农贫困户，开展全产业链培养和后续跟踪服务，通过延伸培训、参观考察、政策咨询、互动交流等多种形式做好脱贫一线跟踪服务工作。2017 年，共组织贫困地区培训 2112 人，收到良好效果。

学员引领探新路，创新模式好致富。云龙县农民杨吉斌，创办了云龙山风食品厂。经过多年的发展，杨吉斌的食品厂已建成年产 200 吨的生产线，产品远销广东、天津、上海等地，实现年产值 200 多万元。以“党支部 + 合作社 + 基地 + 农户”的形式，种植珠子参等中药材，为当地农户拓宽了脱贫致富的路子。

杨吉斌只是大理州参训农民以特色产业带动群众增收致富的一个缩影。近年来，大理州农业部门紧密结合基层党建与脱贫攻坚“双推进”的部署要求，创新推广经营主体带动、产金互促、互助资金、电商带动、旅游扶贫、供销扶贫等 6 种产业扶贫模式，遵循“扶贫必扶智”理念，围绕特色产业提质增效目标，协调组织全州 40 多个培训机构精准培育农民，有效带动贫困山区群众脱贫致富。截至 2018 年 8 月，全州累计培育农民 13906 人，有 221 户农业龙头企业和 5805 个农民合作社的骨干人员参加培训，带动建档立卡贫困户 15945 户、41929 人，人均增收 2661 元。

第二节 农村资金管理

目前，农村经济的发展主要以农业中小企业的发展为主，这些农业中小企业已经成为我国国民经济中重要的组成部分，是推动我国经济发展的重要力量。但是相对于一般工业企业来说，农业中小企业属于弱势企业，其受到最大的限制就是融资渠道受限。要解决这一问题，首先要明白资金在农村集体资产中的地位，了解当前的农村资金管理政策，其次要了解适应农业中小企业筹资的新品种并科学地选择融资渠道。

一、农村资金的概念及分类

农村集体资产的管理主要是对资产、资源和资金的“三资管理”。农村集体资产主要包括村民委员会依法拥有的各种财产、债权和其他权利，要按照国家和省、市、区有关规定清产核资、明晰产权、登记造册，确认其所有权和使用权，核发证书；农村集体资源主要包括一切可被村民委员会开发和利用的物质、能量和信息资源，比如土地、林木、荒地、水利等，其经营方式必须经村民会议讨论决定，采取公开招投标交易的形式有偿转让其经营使用权；农村集体资金包括农业再生产过程中物质资料的货币形态，主要分为流动资金和固定资金，比如现金、银行存款、短期投资、内部往来、应收账款等。严格执行国务院 1988 年发布的《现金管理暂行条例》，建立健全现金内部控制制度。从企业发展角度来说，“三资管理”中第一步需要考虑的必然是资金的筹集。

“资金筹集”是指通过各种方式进行资金的筹措以满足企业生产经营过程中所需要的货币资金。都说“巧媳妇难为无米之炊”，资金筹集是企业资金运动的起点，筹资活动是企业生存和发展的基本前提，如果资金链条断裂，那么企业将难以生存，更不可能谈发展，所以资金筹集对企业的生存和发展尤为重要，企业应科学合理地进行筹资活动。

然而，这些资金的来源与筹集的方式不同，所带来的筹资成本和筹资风险也不同。所以，企业在进行筹资的过程中，需要考虑哪些来源与方式才是对企业筹资最有利的，如何使筹资成本和筹资风险降到最低。

二、农村筹资管理

农业经济是我国重要的经济组成部分，农业中小企业在稳定农业经济发展、吸收农村就业人员和提供社会服务等方面发挥着重要的作用，有利于经济的发展和社会稳定，有助于推动经济增长。

1. 农业中小企业筹资的财务指标分析

财务分析指标一般包括偿债能力分析指标、获利能力分析指标以及资产管理分析指标。

农业中小企业偿债能力的分析包括短期偿债能力和长期偿债能力的分析。分析中小企业短期偿债能力的指标包括“流动比率”“速动比率”；分析长期偿债能力的指标包括“资产负债率”“产权比率”“利息周转倍数”等。其中重点考虑的是：流动比率 = 流动资产 / 流动负债，表明短期内偿还流动负债的能力。资产负债率 = 负债总额 / 资产总额，表明负债融资占总资产的比重，能够分析在清算时保护债权人利益的程度。

分析中小企业获利能力的指标主要包括“销售毛利率”“销售净利率”“投资报酬率”“所有者权益报酬率”。其中重点要考虑的是：销售净利率 = 净利润 / 主营业务收入，表明企业每一元的收入所带来的净利润是多少。

分析中小企业资产管理能力的指标是各项资产管理比率（营运效率比率），主要以周转次数和天数来表示。其中流动资产管理能力分析的指标主要包括“应收账款周转率”“存货周转率”“流动资产周转率”。其中重点考虑的是:应收账款周转率 =(期初应收账款 + 期末应收账款)/2，表明应收账款的流动速度；流动资产周转率 = 主营业务收入 / 流动资产，表明了流动资产的利用程度；总资产周转率 = 主营业务收入 / 平均资产总额，表明了企业总资产的管理能力。

2. 筹资方式的选择

目前，我国的筹资方式很多，但由于农业产业的弱质性，使农村中小企业面临着极大的风险，所以筹资方式比较单一，基本上还是以银行贷款、农村村级范围内筹资及民间借贷为主。为规范农村村级范围内筹资、筹劳的管理，减轻农民负担，保护农民的合法权益，促进农村经济的发展和农村社会的稳定，根据中共中央、国务院《关于进行农村税费改革试点工作的通知》(2002 年) 和第十三届全国人民代表大会常务委员会第七次会议通过并发布的《中华人民共和国村民委员会组织法》(2018 年版) 的有关规定，农业农村部制定了《村级范围内筹资筹劳管理暂行规定》(2007 年)。该规定明确指出农村范围内筹资，主要用于本村范围内农田水利基本建设、道路修建、植树造林、农业综合开发有关的土地治理项目和村民认为需要兴办的集体生产生活等其他公益事业项目。

当然这些方式的选择也存在一定的问题，特别是银行贷款和民间借贷。例如，通过银行贷款无论是贷款程序、信用评价标准还是贷款额度都受到极大的限制；民间借贷从办理手续、利息等方面也会产生一些不利于社会稳定的因素。

从农村农业中小企业筹资方式的选择来看，应从以下四个方面进行改进：

(1) 完善农村农业中小企业融资的政策。完善政府对金融机构支持科技型、成长型的农村农业中小企业融资实行减税、贴现、补贴等优惠政策，以调动金融机构为农村农业中小企业融资的积极性。针对农村农业中小企业面广、布局分散的特点，政府可以实行分类指导、鼓励优胜劣汰的竞争措施。对有销路、市场前景广阔、技术创新能力强、效益好的农村农业中小企业进行重点扶持，实行扶优扶强，最后由强带弱，带动农村整体经济的发展。

（2）建立健全中小企业信用贷款服务体系。认真贯彻货币信贷政策的要求，发挥国有商业银行中小企业信贷部门的经营作用，通过改革信贷管理程序、完善信用评价标准，扩大授信范围。下放信贷权限，提高基层分支行营销积极性，与此同时，要健全中小金融机构组织体系，鼓励非公有资本参股商业银行和信用社，引导农民、个体工商户和小企业入股农村信用社，以改善股权结构，创办区域性股份制中小银行和合作性金融机构。另外，可以利用税收优惠、利率补贴、再贷款、再贴现等政策，鼓励银行提高农村农业中小企业贷款比例。

（3）规范民间借贷市场。民间主题的融资活动在办理手续、利息等方面也会产生一些不利于社会稳定的因素。但是不能简单禁止，而是要用地方性法规明确融资双方的权利和义务，将其纳入正规的金融体系。

（4）拓宽农村农业中小企业的融资渠道。可以大胆尝试股权和债券融资，为保证我国证券市场的健康发展，国家应该尽快完善我国证券市场体系，为农村农业中小企业直接融资提供可能。创业板的推出是我国中小企业融资发展的一个大胆尝试，各个农村农业中小企业应该抓住机会，积极争取通过在资本市场上获得更多的资金来加快企业发展速度，提高技术创新能力。

三、农村人口投资管理

随着我国经济不断发展，人们手中的闲钱越来越多，农民的投资理财有待优化完善。在当今中国城乡经济高速发展的过程中，绝大部分的中国农民通过走出乡村、创办企业、发展特色经济等多种途径已经摆脱了贫困，特别是近年来城镇化的高速发展使部分地区的农户由于拆迁，在落实货币经济补偿机制的同时得到了高额的补偿款，此举使他们的家底快速厚实起来。占地农户短时间内手中就聚集了丰厚的资金，他们的生活状况，也由原来的温饱型向消费型转变。不仅如此，随着城市化进程的不断提升，农民生活消费类型也在悄悄地发生着改变。

农村人口用于食品等生存型消费的比重下降，在衣着修饰、文化教育等发展和享受型消费中的支出大幅增加。短短的几年时间里，农民生活消费水平发生了质的变化，农民的生活已经从生存型步入发展型的轨道。随着农民各项收入的不断提高和家庭财富积累的不断增加，农民朋友渴望财富增值的愿望日益强烈。在满足了居住条件不断提高、子女教育投入不断加大、生活条件不断得到改善的前提下，面对手中尚余的或多或少的财富，如何理财，已经成为当前农民朋友不得不面对的一个现实问题。

相比于城镇居民，文化差异、受教育程度、地域经济发展的不平衡性等诸多因素影响，直接造成当前农村理财理念单一的现象。除了平日的生活必须开销外，剩下的钱几乎就是存进信用社，极少的农村家庭会投资理财。老百姓对金融投资的理解，仅限于银行的“存、汇、兑”业务以及储蓄业务可以获得除本金外的利息。由于老百姓只放心把钱存到银行的观念已经固定，并没有获取投资理财的信息来源，导致农村的“闲钱”直接成为“死钱”，农民没有机会也没有意识去享受商业银行的“大众化服务”。随着我国经济的发展和政府对农业的扶持，农村经济发展迅速，农民生活水平提高，很多老百姓在吃饱穿暖的基础上，手中还持有很多闲钱，相对于把钱存入银行，很多农民具有了购买理财产品的经济基础和理念。在政府创新理财产品的基础上，农民购买适合自己家庭情况的理财产品，在可以承受的风险范围之内获得最大的利益，有利于在短时间内提高农民的生活水平，也为实现我国宏观经济管理目标做出贡献。所以说，改善当前农民理财结构，不仅对于老百姓来说，还是对于我国宏观经济的发展来说，都是非常必要的。

改善农村人口投资理财结构应该具体做到以下几个方面：

1. 改善农民理财理念，完善农民投资理财知识

“低消费，高储蓄”是目前我国农村比较普遍的理财现象，在大多数的老百姓眼里，投资理财等于银行储蓄。这种落后和不健全的理财理念是不符合现代社会发展的。为了构建新农村，使农民更加顺应社会发展，政府应为当地农民创造更多的学习机会，以乡镇或者村为单位进行定期的投资理财知识讲座，鼓励老百姓将手中的闲钱转化为资本，来增加农民除了耕种养殖以外的产业性收入。

在加强老百姓投资理财知识教育方面，主要分为以下几个重要手段：第一，应向农民传输个人或家庭理财、生命周期理财规划等观念，打破“一心挣钱，专心攒钱”的陈旧观念，讲授并使其意识到适当的投资理财方法可以实现家庭净资产增加与生活质量得以提高的双重目标，让其对科学的投资理财理念和方法有更多的了解，从思想上改变农民不懂理财、乱理财的状况。第二，政府应进一步推进“三下乡”活动的开展，尤其要真正实现“科技下乡”和“文化下乡”以加快改善农村的落后状况。虽然各种媒体尤其是网上充斥着各种理财知识和技能培训信息，但农民对这类来源的信息信任度一般不高。下乡人员是由政府委派的，而且属于专业性人才，具有权威性，由他们进行理财知识的宣传和技能的培训，农民群众会愿意相信和接受，效果会比较好。第三，充分利用当地媒体，积极推出适合老百姓的理财服务栏目，并开通服务热线，让老百姓在接收到新理念的同时，遇到不明白、不清楚的地方可以随时拨打电话进行咨询，受到具体的指导，学会相关的理财软件的业务操作；利用报刊和宣传图册等媒介，让投资理财信息走进每个家庭，茶余饭后可以随时拿起来阅读并和家人邻居探讨，时间久了，耳濡目染，老百姓就会主动去了解、学习；第四，定期或不定期安排专家讲座，进行投资理财知识培训，为了提高村民的参与积极性，可以设置奖品派送环节，提高老百姓的兴趣；尤其对于新青年，可以适当地开设关于投资理财的课程，让农村最年轻的一代摆脱传统理财观念的束缚，接收到合理的

符合当代潮流的理财理念，通过年青一代带动老一辈理财理念的转变。在广大农村的学校中，农民也应从自身出发，关注国家宏观经济政策，设定科学合理的投资目标与理财规划。

2. 建立健全市场化的社会保障制度

由于农村社会保障体系还不完善，很多保障项目不能满足农村社会发展的需要、在很多地区，并未实现与本地相适应的社会救助、优抚安置和社会福利等机制，严重阻碍了农村投资理财的发展。凯恩斯主义经济学理论中就明确地指出生产和就业的水平决定了总需求的水平。总需求是整个经济系统里对商品和服务的需求总量。之所以存在百姓对投资理财的有效需求不足情况，原因主要在于“三个基本心理因素”即心理上的消费倾向、心理上的灵活偏好以及心理上对资本未来收益的预期值。所以，只有建立健全的百姓投资理财的保障制度，解决农民的后顾之忧，提高农民经济生活质量，才能激发老百姓的投资理财欲望。

3. 发展乡镇金融市场

乡镇金融市场的逐步发展和优化，可以进一步拓宽农民投资的渠道，更新农民的理财理念。农村金融理财市场潜力很大，但真正可以深入其中的金融机构却不多，比如说，证券公司的主要市场和客户是大城市和从事与之相关工作内容的人，在农村是几乎看不到证券公司的。相对于城市里遍布街巷的银行网点和 ATM 机来说，在农村只有地理位置较为优越的村庄会安置银行网点，并仍然以农村合作银行、农村信用社和邮政储蓄银行为主，基金、股票和债券等投资方式几乎没有发展市场，严重阻碍了农村银行理财服务推广工作的进行，也不利于老百姓了解和购买理财产品。为了改变这种现状，有关部门应大力发展乡镇金融市场，加快基金、股票、债券等金融产品的推广，来进一步优化农村的理财环境。

第三节 农村土地经营管理

土地流转和适度规模经营是发展现代农业的必由之路，有利于优化土地资源配置和提高劳动生产率，有利于保障粮食安全利主要农产品供给，有利于促进农业技术推广应用和农业增效、农民增收。开展土地流转和适度规模经营应从我国人多地少、农村情况千差万别的实际出发，积极稳妥地推进。为引导农村土地（指承包耕地）经营权有序流转、发展农业适度规模经营，首先要做到全面理解、准确把握中央关于全面深化农村改革的精神。按照加快构建以农户家庭经营为基础、合作与联合为纽带、社会化服务为支撑的立体式复合型现代农业经营体系和走生产技术先进、经营规模适度、市场竞争力强、生态环境可持续的中国特色新型农业现代化道路的要求，以保障国家粮食安全、促进农业增效和农民增收为目标，坚持农村土地集体所有，实现所有权、承包权、经营权三权分置，引导土地经营权有序流转，坚持家庭经营的基础性地位，积极培育新型经营主体，发展多种形式的适度规模经营，巩固和完善农村基本经营制度。

首先，改革的方向要明，步子要稳，既要加大政策扶持力度，加强典型示范引导，鼓励创新农业经营体制，又要因地制宜、循序渐进，不能搞强迫命令，不能搞行政瞎指挥，要使农业适度规模经营发展与城镇化进程和农村劳动力转移规模相适应，与农业科技进步和生产手段改进程度相适应，与农业社会化服务水平提高相适应，让农民成为土地流转和规模经营的积极参与者和真正受益者，避免走弯路。其次，要坚持基本原则。坚持农村土地集体所有权，稳定农户承包权，放活土地经营权，以家庭承包经营为基础，推进家庭经营、集体经营、合作经营、企业经营等多种经营方式共同发展；坚持以改革为动力，充分发挥农民首创精神，鼓励创新，支持基层先行先试，靠改革破解发展难题；坚持依法、自愿、有偿的原则，以农民为主体，政府扶持引导，市场配置资源，土地经营权流转不得违背承包农户意愿，不得损害农民权益，不得改变土地用途，不得破坏农业综合生产能力和农业生态环境；坚持经营规模适度，既要注重提升土地经营规模，又要防止土地过度集中，兼顾效率与公平，不断提高劳动生产率、土地产出率和资源利用率，确保农地农用，重点支持发展粮食规模化生产。

农村土地承包经营权流转应当在坚持农户家庭承包经营制度和稳定农村土地承包关系的基础上，遵循平等协商、依法、自愿、有偿的原则。农村土地承包经营权流转不得改变承包土地的农业用途，流转期限不得超过承包期的剩余期限，不得损害利害关系人和农村集体经济组织的合法权益。农村土地承包经营权流转应当规范有序。依法形成的流转关系应当受到保护。县级以上人民政府农业行政主管（或农村经营管理）部门依照同级人民政府规定的职责负责本行政区域内的农村土地承包经营权流转及合同管理的指导。

为规范农村土地承包经营权流转行为，维护流转双方当事人合法权益，促进农业和农村经济发展，农业农村部 2002 年根据《农村土地承包法》及有关规定制定了《中华人民共和国农村土地承包经营权流转管理办法》（2017 年 12 月发布），其中明确了流转当事人的具体权利和义务、流转的方式、流转合同的相关要求等内容，具体指出承包方依法取得的农村土地承包经营权可以采取转包、出租、互换、转让或者其他符合有关法律和国家政策规定的方式流转。承包方依法采取转包、出租、入股方式将农村土地承包经营权部分或者全部流转，承包方与发包方的承包关系不变，双方享有的权利和承担的义务不变。同一集体经济组织的承包方之间自愿将土地承包经营权进行互换，双方对互换土地原享有的承包权利和承担的义务也相应互换，当事人可以要求办理农村土地承包经营权证变更登记手续。承包方采取转让方式流转农村土地承包经营权的，经发包方同意后，当事人可以要求及时办理农村土地承包经营权证变更、注销或重发手续。承包方之间可以自愿将承包土地入股发展农业合作生产，但股份合作解散时入股土地应当退回原承包农户。通过转让、互换方式取得的土地承包经营权经依法登记获得土地承包经营权证后，可以依法采取转包、出租、互换、转让或者其他符合法律和国家政策规定的方式流转。

土地问题涉及亿万农民的切身利益，事关全局。各级党委和政府要充分认识到农村土地经营权有序流转、发展农业适度规模经营的重要性、复杂性和长期性，切实加强组织领导，严格按照中央政策和国家法律法规办事，及时查处违纪违法行为。坚持从实际出发，加强调查研究，搞好分类指导，充分利用农村改革试验区、现代农业示范区等开展试点试验，认真总结基层和农民群众创造的好经验、好做法。加大政策宣传力度，牢固树立政策观念，准确把握政策要求，营造良好的改革发展环境。加强农村经营管理体系建设，明确相应机构承担的农村经济管理工作职责，确保事有人干、责有人负。各有关部门要按照职责分工，抓紧修订完善相关法律法规，建立工作指导和检查监督制度，健全齐抓共管的工作机制，引导农村土地经营权有序流转，促进农业适度规模经营和农村经济健康发展。

一、农村土地流转模式

国家政策规定的流转模式主要有互换土地、交租、入股、“宅基地换住房，承包地换社保”和“股份 + 合作”五种。

1. 互换土地

互换土地模式是农村集体经济组织内部的农户，为方便耕种和各自的需要，对各自土地的承包经营权进行的简单交换，是促进农村规模化、产业化、集约化经营的必由之路。40 多年前，中国农村实行土地联产承包责任制，农民分到了土地。但由于土地肥瘦不一，大块的土地被分割成条条块块。划分土地时留下的种种弊病，严重制约着生产力的发展和规模化经营。如何让土地集中连片，实现规模化、集约化经营，于是互换这种最为原始的交易方式，进入农民的视野。

2. 交租

交租模式是在市场利益驱动和政府引导下，农民将其承包土地经营权出租给大户、业主或企业法人等承租方，出租的期限和租金支付方式由双方自行约定，承租方获得一定期限的土地经营权，出租方按年度以实物或货币的形式获得土地经营权租金。其中，有大户承租型、公司租赁型、反租倒包型等。

3. 入股

入股即“股田制”或股份合作经营。这种模式是指在坚持承包户自愿的基础上，将承包土地经营权作价入股，建立股份公司。在土地入股过程中，实行农村土地经营的双向选择（农民将土地入股给公司后，既可继续参与土地经营，也可不参与土地经营），农民凭借土地承包权可拥有公司股份，并可按股分红。该形式的最大优点在于产权清晰、利益直接，以价值形式把农户的土地承包经营权长期确定下来，农民既是公司经营的参与者，也是利益的所有者，是当前农村土地使用权流转机制的新突破。

4. 宅基地换住房，承包地换社保

“宅基地换住房，承包地换社保”的模式是农民放弃农村宅基地，宅基地被置换为城市发展用地，农民在城里获得一套住房。农民放弃农村土地承包经营权，享受城市社保，建立城乡统一的公共服务体制。

5. 股份 + 合作

“股份 + 合作”模式是农户以土地经营权为股份共同组建合作社。村里按照“群众自愿、土地入股、集约经营、收益分红、利益保障”的原则，引导农户以土地承包经营权入股。合作社按照民主原则对土地统一管理，不再由农民分散经营。合作社挂靠龙头企业进行生产经营。合作社实行按土地保底收益和按收益分红的方式，年度分配时，首先支付社员土地保底收益每股（亩）定额，留足公积公益金、风险金，然后再按股进行二次分红。

二、农村土地规模经营

1. 以农业产业化龙头企业带动发展土地规模经营

在农村经济结构中，只有少数企业处于市场前沿，他们掌握着较多的市场信息并且善于经营。争先效仿的小农户出现“难卖”的情况，致使小农户在激烈的竞争中处于下风，甚至被淘汰。为了避免这种情况的发生，农村经济结构的调整必须要考虑合理地将现有的资源优化配置，进行整合，形成规模经营、共同发展。这个时候就可由农业产业化龙头企业直接实行土地规模经营。农业产业化龙头企业可以直接实行土地规模经营，龙头企业带动农户发展土地规模经营，现实地解决了小生产与大市场的矛盾。

2. 以农村土地股份合作社为主的经营模式

农民专业合作社是目前中国农业发展的主流经济组织，以农村土地股份合作社为主的经营模式是发展土地规模经营的有效形式。以土地承包经营权或资金入股，组建阶段的技术人员和务工人员可用工资入股，农民既可以获得务工收入，又可以按股分红。

3. 以市县示范区为载体的土地经营模式

云南省宾川佳泓园艺有限公司专业从事园林绿化近 20 年，2015 年年初新增滇橄榄生态产业项目。滇橄榄的野生资源在云南省广泛分布，其具有耐干旱、耐贫瘠、种植成活率高、修复生态及保水固土性能好等优点，宾川佳泓园艺有限公司示范种植“有机”“富硒”滇橄榄达 6000 余亩。[①] 该企业采用农业产业化龙头带动发展土

① 该案例出自杜悦悦，胡熠娜，杨昉，等：《基于生态重要性和敏感性的西南山地生态安全格局构建——以云南省大理白族自治州为例》。

地规模经营。合理地将现有的土地资源优化配置，进行整合，形成规模经营，共同发展。以新增滇橄榄生态产业项目为契机，将道路绿化地、公园绿化地合理利用，既对生态起到保护作用，又产生了经济价值。

第七章　现代农村经济组织与产业经营

我国农村经济组织形式的变迁，是随着社会、经济、政治等综合环境因素的变化而发生的。要实现乡村发展，推进传统农业向现代农业过渡，农业产业化是必然趋势，其原因包括以下两方面：一方面，由于社会经济环境变化和政府改革与制度创新的引导，农业经济组织形式自身不断优化和改进。另一方面，随着市场经济的发展，不断出现改革农业经济组织形式的迫切需求，市场经济与农业经济组织形式的关系往往处于不断的发展变化之中。在当前阶段，随着市场经济的发展，尤其是我国加入 WTO（世界贸易组织）之后，农业经济组织形式发生了深刻的变化，这是为了更加切合市场经济的需要，更好地切合市场竞争并提高社会整体资源的配置效率。

第一节　农村生产经济组织形式

一、当代中国农村生产经济组织形式的演变

1978 年 12 月，党的十一届三中全会以后，我国农村社会经济组织形式开始变革。

（一）家庭联产承包责任制开启新篇章

1958 年，建立起来的人民公社体制，随着国民经济的发展，已不符合当时我国农村生产力发展水平。这种超越社会发展阶段的农村经济和政权组织形式，是导致农村经济长期迟滞发展的一个主要原因。

党的十一届三中全会以后，农民自发的“包产到户”得到政府的肯定，随即在全国范围的农村实行了各种形式的生产责任制，特别是家庭联产承包责任制的确立，实现了农村经营机制的深刻改革利农村生产关系的重大调整。

（二）家庭联产承包责任制

家庭联产承包责任制，是指农民以家庭为单位，在集体经济组织承包土地等生产资料的基础上，向国家缴纳农业税，交售合同订购产品以及向集体上交公积金、公益金等公共提留，其余产品归农户所有的农业生产责任形式。家庭联产承包责任制把劳动者的责、权、利结合起来，克服了传统的“三级所有，队为基础”的人民公社体制的生产经营和劳动过分集中，以及分配上的平均主义的弊端。

家庭联产承包责任制这一经济组织形式在我国出现，是由我国农业生产本身的特点决定的。由于我国传统农业是以人畜动力和手工业为主，基层经营和劳动单位不大，劳动力以家庭为单位分布，集中程度不够。此外，我国农业生产自然条件丰富多样，以农户为主的生产单位，可以根据复杂多变的气候和土壤条件，因地制宜，采取灵活的生产方式和适宜的措施。

（三）双层级管理，统分结合

把家庭承包经营方式引入集体经济并非只有家庭一个层次。原来的生产队仍然作为集体经济的一个层次发挥作用，形成统一经营与分散经营相结合的双层经营体制。

集体层次的作用主要有：按国家的计划指导，代表集体和承包户签订合同；保证粮、棉、油按合同收购的任务完成；管理集体保留的土地、大型农机具等生产资料；组织农民从事农业基本建设；为农户提供必要的社会化服务。这种统分结合的双层经营的体制，既保障了农民有经营自主权，又坚持了土地等基本生产资料的公有制和必要的统一经营。

（四）农村经济组织的创新形式

统分结合的双层经营的体制，在20世纪80年代初期为中国农村的高速发展做出了重要的贡献。但是，随着市场经济改革力度的加强，双层经营的组织形式与市场经济在运行上的碰撞，日益暴露其存在的不足。

统分结合的双层经营体制虽然承认农户对土地具有使用权，但作为农户最基本的生产要素，其所有权依然外在化，农户十分担心现行组织经营形式所依赖的制度发生变化，担心土地经营权随时消失，因此对长期经营不关心，考虑的只是眼前的利益分红，没有形成长期共赢的利益共生格局。受生产行为短期化的影响，农业生产的波动性加大。农户在此背景下，在毫无组织和准备的情况下被推向市场，他们对市场信息、成本、价格、信贷以及政策反应迟滞，并由此导致经营决策的盲目随从，进入市场的风险增大。

双层经营体制的不足，使进入市场的农户痛感建立新的组织的必要性。20世纪80年代中后期，他们或在政府的领导下，或依靠自身的创造才能，发动了自农村经济改革以来的第二次组织创新。

这次农村经济组织创新的主要形式有：

1. 专业户和重点户

为突破双层经营体制管理的弊端，部分农户率先找准自家生产的优势，在土地承包责任制的基础上积累生产经验和管理经验，找准生产经营领域，从基础性农耕地承包养殖逐渐向其他擅长领域发展，在尝试中摸索出适合的养殖技术，抑或是销售渠道，重点发展某一领域，逐渐在农村经济发展中脱颖而出，成为某一生产领域的专业户、重点户。

2. 农村新经济联合体

为克服传统土地流转与承包的单一性生产问题，许多农户在发展成为专业户、重点户的同时，逐渐将传统农业与林、牧、渔等产业联合起来，实现多产业联合经营，相互渗透。

3. 农村专业技术协会

专业技术协会是以专项生产为基础，以该项生产的技术为核心，同行之间、农户之间组织成立新型合作组织。这类专业协会主要分布在养殖业及种植业中技术较为复杂的非粮食作物种植领域。由于该类型的专业协会既不触动家庭经营的基础，又以具有较强吸引力的技术为纽带，因而深受农户的欢迎。

4. 公司 + 农户的合作组织

公司 + 农户的合作组织这种形式在国际上较为通用。它是以专业化的生产厂商或销售厂商为中心，借助公司在资金、技术、设备、科研和市场营销等方面的优势，把分散的生产农户组织起来进入市场的一种组织形式。公司具有完备的产前、产中和产后服务体系，可以帮助农户解决生产中出现的问题。公司出于经营活动最终获利的考虑，将会照顾到农户的经济利益。农民也会从自身生产和营销等不利因素出发，从发展生产、提高收入的角度照顾到公司的利益。这种组织形式由于把产、供、销放在一起统一考虑，把农户和公司的利益捆在一起，因而使农民的权益得到保障，在实际运营中受到农户的欢迎。

我国农村合作经济组织不论在合作领域，还是合作组织数量上都远无法满足农村经济发展的需要。农村合作组织的建立还缺少必要的法规指导，存在组织运作不规范、成员正当利益得不到保障等问题，这些问题得不到解决，将影响合作经济在数量和质量上的提升。

家庭经济比大农场式的经营更迫切地需要组织建设完备、运行操作规范的经济合作组织，从这一点上看，我国农村正在经历一个合作经济组织发展的高潮。

二、农村经济组织形式的内容

经济组织是为了实现特定的经济目标而从事其经济活动的单位和群体。它是社会生产关系的体现，是一定劳动组织形式，是一定生产要素配置和组合方式。社会再生产过程是由经济组织实施并完成的。人类社会的经济活动，均是在经济组织内或经济组织之间进行的。由此可知，人类社会的一切经济活动，有其一定的经济组织形式和基本单位。

经济组织有其特定的社会性质、组织形式和经济功能。

经济组织的性质由社会经济制度的性质决定。它既是生产关系的具体表现形式，又是生产力的具体组合形式。

经济组织形式在一定所有制基础上随生产力的发展而变化。部落和氏族是原始社会的经济组织形式。家庭是小私有生产和个体劳动的组织形式。企业是社会化商品生产的经济组织形式。从家庭向企业演进，是经济组织形式的根本性变革。但这一演进要经历一个漫长的时期，其间两者会互相交错，出现重叠的具体形式，例如，家庭农场、家庭工厂、家庭商店等家庭式的企业。企业也采用家庭式的组织形式和经营管理方式，即企业家庭式经营管理方法。当今世界各国都有采用家庭或企业，甚至家庭企业一体化的管理方式来进行生产。

经济组织功能是指经济组织所拥有的实现经济目标的物质技术力量和组织力量。经济组织功能除了受到物质技术力量利组织力量的限制外，还受到社会制度、政治因素、生产关系和经营方式等影响。经济组织形式包括具体经济单位组织形式和经济单位之间相互联系的组织形式。

（一）农村具体经济单位的组织形式

1. 家庭

家庭，既是社会生活的基本单位，农户家庭是我国农村最主要的经济组织形式。又是社会生产的经济组织形式，其作为社会生产的经济组织形式至今仍被广泛采用。其原因主要是我国农业生产力水平不高，社会化程度也不高，家庭中有许多可利用的资源，为组成生产力提供了优先条件，能够将生活基本单位和经济组织有效结合在一起，一家人有血缘、亲缘关系，利益直接，这样的组织形式有较强的凝聚力和忍耐力，同时稳定性较强，有助于取得长远经济效益。家庭这一具体经济组织形式，在当前和今后相当长的时期内将发挥其应有的作用。

2. 企业

企业是人们从事物质资料生产、流通，或从事劳动活动的营利性的具体经济组织形式。企业是商品经济的产物。企业一般特征如下：① 拥有一定数量的劳动者和生产资料，进行自主经营，是具有法人主体地位的独立的商品（劳务）生产经营者。② 在经济上施行独立核算，自负盈亏，以收抵支并有盈亏。③ 法律上具有“法人”地位。公司是企业的组织形式，一般意义上说，公司即企业。

（二）经济单位之间相联系的经济组织形式

1. 合作社

农村合作社即农业合作经济组织，是指农民，尤其是以家庭经营为主的农业小生产者，为了维护和改善各自的生产及生活条件，在自愿互助和平等互利的基础上，遵守合作生产的法律和规章制度，联合从事特定经济活动所组成的企业组织形式。农业合作经济组织的盈利以成员与农业合作经济组织的交易额分配为主。

2. 农村联营企业

根据平等、自愿、互利等原则，在保持生产资料所有制性质不变和独立自主经营地位不变的前提下，经济组织之间发展组合成的联合经营企业，一般称联营企业。

3. 农村企业集团

根据地区、行业和供产销之间的联系，由若干个农村企业按照自愿互利的原则而组成的组织形式称为企业集团。企业集团是现代企业的高级组织形式，是以一个或多个实力强大、具有投资中心功能的大型企业为核心，以若干个在资产、资本、技术上有密切联系的企业、单位为外围层，通过产权安排、人事控制、商务协作等纽带所形成的一个稳定的多层次经济组织。

农村企业集团的整体权益主要是通过明确的产权关系和集团内部的契约关系来维系的；其核心是实力雄厚的大企业、龙头企业，也是指按照总部经营方针和受统一管理的进行重大业务活动的经济实体，或者指虽无产权控制与被控制关系，但在经济上有一定联系的企业群体。

我国农村企业的组织形式，种类较多，现按照所有制划分，有以下种类：

（1）全民所有制国有企业

生产性的国有农场、林场、牧场、渔场及其农副产品加工厂等。服务性的国有农机站、排灌站、农技推广站、种子公司、饲料公司和农机公司等。

（2）集体所有制的农村企业

① 地区性合作经济组织。当前主要是指统分结合双层经营的农业合作企业，其统一经营层次，在全国各地农村已演变为两类合作经济组织形式：a. 保留原有集体所有制的合作经济组织。b. 新成立的为分散经营层次服务的各种农技、农机等服务公司。其分散经营层次有两部分：农户使用集体公有土地和集体公有的水利设施等，这是集体经济部分；投入家庭私有的种子、肥料和农技具等生产资料，这是个体私有经济部分。由此可知，农户家庭是带有两种经济成分的经济组织，是一种统分结合的家庭经济。每个农户的家庭，既是统分结合双层经营的一个层次，又是一个独

立核算、自负盈亏的经济实体。

② 专业性合作经济组织。以专业（行业）组成的合作经济组织形式，如种植、养殖、加工、运输、建筑、供销、金融、技术等合作企业。

（3）个体农业企业。

由农户家庭个体经济发展起来的个体企业，如家庭养殖场、家庭加工厂、家庭经营商店等。如规模大，雇佣一定数量工人生产的企业，一般称私营企业。

（4）外商投资企业。

有来料加工、来样订货、来件装配和补偿贸易的“三来一补”企业。有中外合资经营企业、中外合作经营企业和外资独资的“三资”企业。

（5）港澳台投资企业。

其形式基本上与外商投资企业相似。

上述企业是仅从所有制角度划分，如从企业的经营项目和内容分，又可以划分为若干种类型。

三、农村企业的组织机构

企业要生存、发展需要有一定的原则和方法，原则和方法共同作用于企业本身，就形成了组织机构。农村企业的组织机构划分层次并规定职权范围，以统一意志和行动，指挥和管理企业的人、财、物、供、产、销等经济活动。

（一）设置企业组织机构的原则

组织机构设置需把握五个原则：战略导向原则、简洁高效原则、负荷适当原则、责任均衡原则、企业价值最大化原则。

1. 战略导向原则

战略决定组织架构，组织架构支撑企业战略实施。内贸企业不会设立外贸部，代工企业不会成立研发部，销售企业不会设立生产部。设置任何部门都必须成为企业某一战略的载体。如果企业某一战略没有承载部门，就会导致架构残缺。例如，华东某企业在全国设立了十个分公司，经营规模超过十亿元人民币，但由于企业没有成本核算部门，公司欠银行贷款一亿多元。

2. 简洁高效原则

部门绝不是越多越好，以层级简洁、管理高效为原则。部门过多则效率低下，过少则残缺不全。

3. 负荷适当原则

部门功能划分适度，不能让某个部门承载过多功能。功能集中不仅不利于快速反应，而且会形成工作瓶颈，制约企业发展。

负荷适当体现的是功能多少，责任均衡体现的是权力大小。如农村生产型企业，生产部是功能多的部门，相对而言品质部则是权力大的部门，也许生产部有成百上千的员工，品质部只有十几人甚至少到几个人，但品质部员工却拥有产品是否合格的最终裁定权。

4. 责任均衡原则

责任均衡体现企业的授权艺术。如果让某部门“一枝独秀”“权倾四野”，可能有工作效率，无企业效益，权力失衡、制约乏力往往会滋生腐败。

5. 企业价值最大化原则

部门设置的根本原则，是让部门组合价值最大化，即确保企业以最少的投入获得最大的市场回报。该过程是合理配置资源的过程，形成企业内部生态圈，把企业内部各部门视为企业生态圈中的种群，各种群为维持生存，与其他种群相互联系、相互制约，共享生态圈中资源，分工协作是维持种群得以生存和发展的动力，在现有的一定的市场生态资源下，减少种群间内耗，实现共赢。

（二）组织架构设置方法

设计组织架构可以分五步进行：战略对接、选择类型、设计部门、划分功能、确定层级。

第一步，战略对接。企业先有战略，然后才有组织架构。先有组织架构，然后才有岗位设置。部分企业本末倒置，结果就出现了因人设庙、因人设岗的种种管理乱象。由战略推导企业组织架构也让很多企业从业人员不习惯，所以要遵循组织架构设计的战略导向原则。组织架构设计是由无到有的过程，而组织架构优化是在企业已有架构基础上的调整升级。

战略对接是让组织架构设计者想清楚企业战略可以细化为多少目标，各种目标可能从何种途径实现，企业决策者应该关注的重点是什么，有哪些目标可以分解到他人负责。

第二步，选择类型。组织架构的类型因企业战略不同而不同，因管理方式不同而有异，因企业不同发展阶段而有别。到目前为止，企业组织架构形成的主要类型有五种：职能式组织、事业部制式组织、直线式组织、矩阵式组织、三维组织（或称立体组织）。选择何种类型，企业可根据组织架构设置的五个原则均衡考虑后做出取舍。

第三步，设计部门。此时就可以进行部门划分了，不论选择何种组织类型，都需要将企业战略承载功能列出，如总经理办公室、人力资源部、财务管理部、生产部、物控部、技术研发部、品质管理部、营销管理部、物流配送部等。初创企业划分到此，组织架构就基本确立了。规模大的企业还需要继续往下细分管理功能。

第四步，划分功能。组织功能因企业选择的组织类型不同会有不同的组合。不同企业的总经理办公室承载的功能可能有天壤之别，有的总经理办公室负责采购功能，有的总经理办公室负责合同管理。另外，还与企业主营业务或企业规模、性质有关，以及与部门职能范围或者生产对象有关。例如，有的小规模企业生产部包揽了除行政后勤、营销之外的所有职能，从材料采购到计划安排，从技术研发到工艺指导，从成品检验到订单交付，一条龙负责到底；有的大型企业的人力资源部则可能承载人才规划、招聘任用、培训开发、绩效管理、薪酬管理、劳资关系、员工发展、企业文化建设、社团管理等诸多职能；有的制造型企业的生产部因产品不同、规模不同，其承载的职能也是千差万别的；有的销售型企业由于属于供应链中下游，衔接市场，无生产部，但根据销售品类设有采购一部、二部、三部。

某企业组织架构中的“品牌发展部”下面的“市场开拓”“产品研发”“技术管理”“客户服务”就是品牌发展部的职能。功能划分越具体，后面的岗位设置就越简单。小型企业的组织架构设计至此大功告成，大型企业则有待进一步细化。

第五步，确定层级。对于管理跨度大的企业，需要进一步考虑管理层级，避免出现管理真空。如全国连锁企业，就需要考虑企业区域公司、省级公司、办事处等管理层级的细化，以保证企业组织架构设计的责任均衡原则得到落实。组织架构设计的最终呈现方式就是组织架构图。

第二节　农村集体经济组织

一、农村集体经济组织的概念

农村集体经济组织是指在原来“三级所有，队为基础”的人民公社体制基础上，经过推行家庭联产承包制一系列改革，以土地为中心，以农业生产为主要内容，以行政村或村组为单位设置的社区性合作经济组织。我们知道：生产责任制实施后的农村行政管理发生了变化，原有社队经营核算的集体单位不适应包产到户的需求，1984 年国家陆续将人民公社改为乡镇或者乡，生产大队改为行政村，生产队则改为村民小组。而这类“村、组”就构成了一般意义上的“集体经济组织”（简称集体）。集体是一种法人单位，村组领导层管理集体经济，成为市场中的一个经营主体。一般讲集体经济组织与村委会、村党支部是一体的，很难分开的，村集体经济组织职能由村党支部或村民委员会代管。

农村集体经济组织作为我国农村一种最普遍的合作经济组织，在保障农民家庭经营发展和促进农业发展方面做出了巨大的贡献。但由于传统计划经济的影响，农村集体经济组织具有一定的行政特性：农民没有选择进入和退出的自由，因为土地是集体所有；管理缺乏民主，乡镇人民政府对集体经济组织存在较多的干预；管理水平较低，在带领农民共同致富方面没有起到应有的作用。从本质上讲，现在的农村集体经济组织不算真正意义上的合作经济组织，关键问题在于现行外部体制导致内部没有民主管理体制，但随着第十三届全国人民代表大会常务委员会第七次会议通过并修改《村民委员会组织法》和全国人民代表大会第十七次会议 2010 年通过的《村民自治条例》的贯彻和实施，农业集体经济组织的合作性质逐步深化。我们可以预见在不断完善的市场经济体制下农村集体经济组织仍然是最基本和最主要的农业合作经济组织，也必然会成为其他农业合作经济组织发展的基础。

二、农村集体经济组织基本功能

按照有关法律和政策规定农村集体经济组织的职能包括以下几方面：

（1）积累功能。体现在管好、用好集体经济组织内部的集体资产，组织生产服务和集体资源开发，增加集体积累。集体经济组织一方面要防止集体资产的流失，使其能够保值并不断增值。另一方面要拓宽生产门路，兴办新的集体企业，为剩余劳动力提供更多的就业机会。

（2）协调功能。协调成员利益关系和资源的合理流动，在协调成员利益关系上要体现公平、公正、公开的原则，在协调资源合理流动上要体现科学配置、效率优先、利益最大化的原则。

（3）分配功能。在集体经济组织内部调节农民的收入再分配，促进农业生产的持续、稳定发展。

（4）服务功能。农村集体经济组织要向农户提供生产经营方面各种服务，既要提供产前、产中、产后相关的各种服务，又要提供党的各项方针政策、法律法规的宣传服务，还要提供用工信息、科技等方面的服务。

（5）监督功能。主要监督党的各项富民政策的落实及各项法律法规的落实。

三、农村集体经济组织存在的问题

（1）农村集体经济组织形式落后，没有设立独立的农村集体经济组织，还继续沿用计划经济时期的“政社合一”体制。

（2）管理水平不高。一是职责不清，村党支部或村民委员会与农村集体经济组织职责不明确。二是财务管理制度不健全，缺乏壮大集体经济积累的长效机制。三是财务公开和民主监督制度落实不力。

（3）发展壮大集体经济缺乏新的途径。实现集体经济增长的形式单一，有效资源资产没有得到充分开发利用。

（4）各级对集体经济支持力度不够，发展集体经济的环境有待进一步改善。

四、完善农村集体经济组织的措施

新时期农村集体经济组织建设要以尊重农民意愿为前提，以村集体经济发展现状为基础，以发展壮大集体经济实力为目标，积极探索适合农村集体经济发展的组织形式。

1. 改革创新，积极探索创建新的农村集体经济组织形式

（1）要明确界定集体经济组织成员与非成员。集体经济组织成员是参加集体分

配的基本条件，集体经济组织成员资格的界限是：组织成员的户籍关系应当登记在本村，并执行本集体经济组织成员的村民会议、农户会议或村民代表会议决议，履行成员应尽义务；按国家户籍管理规定本人及其子女落户地有两处以上选择、成员资格有争议的，经本集体经济组织成员的村民会议、农户会议或者村民代表会议讨论，应到会人员的三分之二以上同意接收、确认其为本集体经济组织成员。集体经济组织内部按人口平均发包土地、分配土地收益以及进行其他集体分配时，遇成员结婚或者其他情况，按国家户籍管理规定只能将本人及其子女户籍关系登记在本村的，应确定为户籍所在地集体经济组织成员。

（2）根据各村集体经济实力建立不同的集体经济组织形式。① 对经济实力雄厚、人均耕地面积较少的村，可以试行股份合作制改革，在清产核资的基础上，建立农村股份制经济合作组织，根据村经济合作组织成员的人口、劳动贡献等因素，把货币资产和固定资产量化到人，组建管理和经营机构，实行公司化运营、企业化管理，按股分红，确保村集体资产保值增值。② 对集体经济实力较好的村，要建立独立于村民委员会之外的农村集体经济组织，充分发挥农村集体经济组织的管理和服务职能。③ 对经济实力薄弱的村，一般继续沿用目前由村党支部或村民委员会代行村集体经济组织职能的组织形式。

2. 加大农村集体经济体制改革力度

改革农村集体经济管理体制，划分村集体经济组织与村委会的职责，明确村委会出资所有权与村办企业法人财产权的关系，实现集体资产收益与村组织收入分账管理。积极推进产权制度改革，按照“归属清晰、权责明确、保护严格、流转顺畅”的原则，逐步建立农村集体经济的现代产权制度。在产权构成上，既可以由劳动群众共有，也可以由劳动者按股份所有。在分配方式上，鼓励各种生产要素参与分配。强化资产管理和资本经营，对村集体经济组织的存量资产，在留出一定数量的社会保障资金后，可以量化到集体经济组织的成员。积极推进集体资产经营方式改革，打破产权封闭、区域封闭，实现开放式经营，积极推进高起点、大范围、宽领域的资产重组，优化集体资源配置。严格规范财务管理和完善积累机制。切实加强农村集体资产管理，对承包经营集体的土地、山林、水面等的企业和个体，要及时按承包合同收缴其承包金。集体土地被征用所获得的土地补偿费等收入，除国家规定分配给农民的以外，其他所得一律作为集体积累资金，主要用于发展农村集体经济和公益福利事业，不得平分到户，分光吃净。要定期进行清产核资，建立健全集体资产民主管理制度。推行村账乡代管、会计委托代理制、村会计集中办公制、村级财务电算化等多种形式的财务管理新办法。保持农村财会人员的相对稳定，对其加强培训，实行持证上岗制度。村集体经济组织不得为本组织以外的单位或者个人提供经济担保，不得将集体资金出借给外单位或者个人使用。农村集体经济收入要有一定的比例用于发展生产，严格控制非生产性开支占当年可支配收益的比例和总量。按照因事设人的原则，减少村组享受补贴的干部人数，合理确定村干部报酬。

3. 加强财务民主监督和审计监督

进一步规范和完善村务、财务公开制度，特别是一些集体经济收支行为较多的村，要建立村级财务审计制度，对主要村干部实行经济责任审计。实行民主决策、科学决策制度，重大事项必须由村民大会或村民代表会议一事一议。建立民主理财制度，对集体经济组织的财务收支活动实行民主监督和管理。民主理财小组接受镇（乡）农经站的指导，有权审查集体的各项收支并否决不合理开支，有权检查监督集体经济组织的各项财务活动，有义务协助镇（乡）农经站对集体财务工作进行审计。农经站、审计监督部门要切实加强对村级财务的审计监督，以经常性审计、专项审计和干部离任审计为主，对镇（乡）、村干部任职期间违反规定给集体造成损失，或群众反映强烈的农村集体财务管理问题应进行重点审计；要会同纪检、监察部门对侵占、挪用、挥霍、浪费、截留集体资金等涉案问题进行严肃查处并依法追究责任。

4. 改革创新，积极探索农村集体经济发展的新路子进一步巩固和完善以家庭承包经营为基础、统分结合的双层经营体制。在提升家庭经营的基础上，充分发挥集体统一经营优势，加强民主管理，理顺分配关系，增强发展活力。积极发展股份合作制经济，打破区域和所有制界限，把农民劳动合作与社会资本、技术、管理合作结合起来，把土地、山林资源优势与商品开发结合起来，通过对传统集体经济进行股份制改造、新办经济实体，优化生产要素配置，盘活存量，引进增量，不断壮大农村集体经济实力。大力发展新型合作经济，引导村集体与基层农技组织、基层供销社、农业龙头企业、专业大户等开展合作，发展技术指导、信息传递、物资供应、产品加工、市场营销等各类专业合作社、专业协会和专业中介组织，实现农村集体经济向多层次、多领域延伸和扩张。

努力创新农村集体经济发展模式和探索发展途径。认真总结和推广外地发展壮大农村集体经济的成功经验，采取创办集体企业、建设商品基地、开发优势资源、发展专业合作组织、城镇建设带动、招商引资带动、扶贫开发带动等多种模式发展农村集体经济；发展集体经济要结合各村实际，因地制宜，突出特色。集镇和城郊接合部、靠近公路沿线的村，要鼓励农村集体经济组织积极依法参与城镇建设和发展商贸业、乡村旅游业，通过招商引资建造厂房、市场、商贸房和仓储设施等二、三产业载体，发展配套服务业。平原农区，要结合农业结构调整和产业化经营，建设蔬菜、花卉、畜牧、水产等特色商品基地，发展农业龙头企业。山区、半山区，要通过参与农业基础设施建设，创办生态农业和旅游园区、股份合作制林场、生态畜牧养殖小区，要结合扶贫开发项目和资金扶持，通过建立服务组织、发展特色产业、组织劳务输出，不断带动集体经济发展。

5. 制定优惠政策，营造发展农村集体经济的良好环境

采取有效措施化解乡村不良债务。要全面清理乡村各种债权、债务和担保金额，对清理出的不良债务要通过多种途径有效化解。对村集体因发展社会事业产生的债

务，区、镇（乡）财政要在全面清理的基础上，筹集一定数额的资金，有计划地分期偿还。改变忽视集体资产管理和部分资产闲置的现状，积极清收历史欠款，严格控制非生产性开支，把经营情况列入公开的范围，接受集体监督，确保管好、用好资产，防止流失并实现保值增值。兴办各种公益事业和企业要量力而行，村集体未经村民代表大会或村民大会讨论通过，不得举债建设新项目、新办企业和经济实体，坚决制止新的不良债务产生。

合理开发资源性资产。允许村组在明晰土地资源产权关系的基础上，将合法的非农建设用地以使用权入股、租赁等形式，开展村与组之间、集体企业与农户之间、村组与外来企业之间等多种形式的经营合作。鼓励和支持村集体经济组织参与“四荒”资源有偿开发，以及矿藏资源，参与者可以按批准征用地用于发展二、三产业。

6. 切实加强领导，确保农村集体经济健康发展

加强对发展壮大农村集体经济的组织领导。要建立领导干部发展农村集体经济帮扶责任制，把发展壮大农村集体经济作为衡量镇（乡）党政领导政绩的重要内容，定期检查、严格考核。强化农村经济经营管理部门职能，加强对农村集体经济发展的具体指导服务。有关职能部门要紧密配合，为发展壮大农村集体经济提供有效服务，认真解决好集体经济发展中的难点、热点问题。

7. 制定农村集体经济发展规划

要把发展壮大农村集体经济纳入当地经济社会发展的总体规划，在深入调查研究的基础上，因地制宜地制定集体经济发展规划，明确发展目标和主要任务，选准发展路子。要认真分析每一个村的发展条件，把扶持的重点放在集体经济发展薄弱村上，按先易后难的顺序加快集体经济发展。规划中要突出重点行业和领域，把发展重点放在为农户搞好产前、产中、产后服务；以特色优势农产品为重点，以优质化、专用化、品牌化为主攻方向，发展“一村一品、一村一业”；发展农业龙头企业，

重点发展特色农产品加工业和旅游观光业。

8. 切实加强农村基层组织建设

要切实加强以村党支部为核心的农村基层组织建设，发挥党支部的战斗堡垒作用，形成在村党支部领导下，村委会和村集体经济组织合理分工、各负其责、相互配合的组织管理体系。积极把愿意为群众办事、符合党员条件的农村致富能人吸收到基层党组织中来，发挥他们的带动作用。建立村干部定期培训制度，重点抓好思想政治培训、政策法规培训、经营管理技能培训，不断提高村干部带领农民发展集体经济的本领。

第三节　家庭农场经营与管理

一、家庭农场概述

（一）家庭农场的定义

2008 年党的十七届三中全会报告第一次将家庭农场作为农场规模经营主体之一提出。2013 年中共中央、国务院印发的《关于加快发展现代农业进一步增强农村发展活力的若干意见》再次提到家庭农场，鼓励和支持承包土地向专业大户、家庭农场、农民合作社流转，发展多种形式的适度规模经营。2013 年中共中央、国务院印发的《关于加快发展现代农业进一步增强农村发展活力的若干意见》明确提出，要“实施新型农业经营主体培育工程，培育发展家庭农场、合作社、龙头企业、社会化服务组织和农业产业化联合体，发展多种形式适度规模经营”。实际上，中国农村在实行家庭承包经营之后，有的农户向集体承包较多土地，实行规模经营，便已经出现家庭农场雏形。

家庭农场作为新型的农村经营主体，是以具体经济单位——家庭为基础的组织形式，是以农民家庭成员为主要劳动力，运用现代化生产方式，主要以生产要素中的土地为核心，进行规模化、标准化、商品化农业生产，并以经营收入为主要的家庭收入来源的新型农业经营主体。家庭农场一般是有独立的市场法人。家庭农场的经营范围包括：种植业、养殖业、种养结合，以及兼营与其经营产品相关的研发、加工、销售或服务。

随着我国工业化和城镇化的快速发展，农村经济结构发生了巨大变化，农村劳动力大规模转移，部分农村出现了弃耕、休耕现象。一家一户的小规模经营，已突显出不利于当前农业生产力发展的现实状况。同时，农村熟练劳动力和青壮年劳动力自愿或不自愿地流向城市和其他产业，宽松的招生政策和不断扩招的大学规模，致使 70 后不愿种地，80 后不想种地，90 后不知种地，轻农化成为一种现象。农村劳动力严重短缺，出现了“空心村”，这致使农业生产经营效率下降，农民增收困难，农业科技的推广应用缓慢。家庭农场的出现促进了农业经济的发展，推动了农业商品化的进程，有效地缩小了城乡贫富差距。家庭农场是现代农业发展的重要组织形式和重要推动力量，代表了今后现代农业的发展方向。作为一种新型经营主体，家庭农场保证了“农地农有、农地农用”，避免了农地“非农化”使用，能够促进农业经济的发展，是中国特色现代农业的发展方向。发展家庭农场，能在坚持家庭联产承包责任制基础上，促进土地等生产要素向生产经营能手集中。开展集约化经营是农业生产经营组织形式的创新，有利于实现农业机械化，大幅度提高土地利用率、投入产出率、劳动生产率和农产品商品率，提高农产品的科技含量和市场竞争力，对发展现代农业具有重要的作用和现实意义。

一是集约化经营有利于激发农业生产活力，助推农业集约化经营。集约农业是农业中的一种经营方式。集约经营的目的是要从单位面积的土地上获得更多的农产品，不断提高土地生产率和劳动生产率。目前，我们的农业生产还比较低效，土地利用率不高，生产方式又比较传统，无法达到规模化生产。所以必须走集约经营的道路。家庭农场的生产经营具有以市场为导向的企业化特征，能较好地维持和保护农业生产力，实现农业可持续发展，有助于克服和消除小农经济的弊端。

二是集约化经营有利于增加农产品有效供给，保障农产品质量安全，能有效解决农村家庭承包经营效率低、产出小、管理散的问题。家庭农场是法人，不是个体，它要生存和发展，就需要保证产品品质，从注册开始就形成了约束力。同时，有一定规模，并且是登记注册商标的家庭农场，会比较重视自已的品牌，操作也更规范。随着国家对农产品的重视程度逐渐提高，以及电子商务的兴起与发展，我国农产品供产销一体化追溯系统也逐渐完善，可以通过追溯系统及时查询农产品信息，追根溯源，因此家庭农场会将更加注重食品安全。

三是集约化经营有利于农业科技的推广与运用，这是发展现代农业的关键。通过家庭农场适度的规模经营，能够机智灵活运用先进机械设备、信息技术和生产手段，极大地提高农业新成果集成开发和新技术的推广应用，在很大程度上降低生产成本，大幅提高生产能力，加快传统农业向现代化农业的有效转变，并有助于形成新的职业农民阶层，活跃城乡社会和经济。

（二）家庭农场的特点

在我国，家庭农场就是农户家庭承包经营的“升级版”。借鉴国外农场的一般特性，结合我国基本国情及生产特点，家庭农场主要有如下 5 个特点：

1. 以家庭为经营单位

家庭农场兴办者是农民，是家庭。相对于专业大户、合作社和龙头企业等其他新型农业经营主体，家庭农场最鲜明的特征是以家庭成员为主要劳动力，并以家庭为基本核算单位。在生产要素投入、生产作业、产品销售、成本核算、收益分配等环节，都以家庭为基本单位，继承和体现了家庭经营产权清晰、目标一致、决策迅速、劳动监督成本低等优势。家庭成员劳动力可以是户籍意义上的核心家庭成员，也可以是有血缘或姻缘关系的大家庭成员。家庭农场不排斥雇工，但是雇工一般不超过家庭务农劳动力数量，农忙时主要是家庭临时性雇工。

2. 以农业为主要产业

家庭农场以提供商品性农产品为目的的开展专业生产，这使其区别于自给自足、小而全的农户和从事非农产业为主体的兼业农户。家庭农场主要从事种植业、养殖业生产，实行一业为主或种养结合的农业生产模式，专业化生产程度和农产品商品率较高。满足市场需求、获得市场认可是家庭农场生存和发展的基础。家庭成员可能会在农闲时外出打工，但其主要劳动场所仍然是农场，以家庭为单位的农业生产经营为主要的收入来源，是新时期职业农民的主要构成部分。

3. 以资源集约为生产手段

家庭农场经营者具有一定的资本投入能力、农业技能和管理能力，具备一定的生产技术和装备，经营活动的开展有明确和完善的收支记录。根据定义，家庭农场是经过登记注册的法人组织，农场主首先是经营管理者，其次才是市场劳动者。家庭农场具备协调与管理资源的能力，其经营管理方式具有现代企业管理标准，从而能够获得较高的土地产出率和资源利用率，实现集约化经营管理。

4. 以适当规模为经营基础

家庭农场的内涵告诉我们其种植或养殖必须达到一定的生产规模，这是区别于传统小农户的重要标志。结合我国农业资源禀赋和发展实际，家庭农场规模并不是越大越好。首先，经营规模与家庭成员的劳动能力相匹配，确保充分发挥全体家庭成员潜力。其次，经营规模与能取得的可观收入相匹配，即家庭农场人均收入达到甚至超过当地城镇居民收入水平。最后，经营规模与家庭投入的生产要素相匹配，以保证要素的集约分配和利用。

5. 以市场价格为导向

内涵决定本质，家庭农场具有企业化管理特征，必然以利润最大化为生产经营目标。利润最大化目标终将以市场价格为导向进行生产经营。这也是工商登记时把家庭农场登记为企业的主要原因。

二、家庭农场与农村其他新型经营主体的关系

家庭农场、专业大户、农民合作社被认为是重要的农村新型经营主体。三者的共同之处都是期望能够扩大农业经营规模，充分运用现代农业生产要素，提高农业生产和经营效率，解决农业生产经营分散、规模过少，农民收入水平难以有效提高的问题。

迄今为止，对专业大户没有清晰的定义和内涵的界定。实际上，专业大户和家庭农场没有本质区别，只不过对专业大户的经营规模和雇工的多少没有像家庭农场那样给予清晰界定。

未来农民合作社将是家庭农场和专业大户自愿结合的经济组织，农民合作社是农民采取自愿联合、民主管理而形成的互助性经济组织。然而，在现实中，由于大多数农户生产规模较小，即使他们参与合作社的经营，其实际收益也是微乎其微的。但是，规模较大的家庭农场则不同，其合作收益可能远远大于合作成本，从而产生强烈的合作愿望。因此，鼓励家庭农场、专业大户之间建立合作社有助于真正形成具有较强市场竞争力的农业专业合作经济组织。同时，通过市场机制的培育，市场生态链、生态圈的逐渐拓展，它们的定义和界限将逐渐模糊化。

三、家庭农场的基本模式

（一）“单打独斗”型家庭农场经营模式

目前“单打独斗”型家庭农场经营模式在我国是较为常见的一种模式。该模式操作起来较为简单，且农户在经营管理方面有较强的自主性。然而，家庭农场在生产经营过程中所需的资金、技术等都是由农户自主提供的，因此这种家庭农场经营模式经常面临着资金短缺、生产技术低下、与市场脱节及农户承担较大风险等诸多问题，是一种较为初级的经营模式。

（二）“家庭农场＋专业合作社”模式

“家庭农场＋专业合作社”模式是一种以专业合作社为依托，将农业生产类型相同或相近的家庭农场集中在一起组成利益共同体，通过市场信息资源共享、农业生产资料的统一购买和使用，在农产品的生产、销售、加工、运输、贮藏等阶段，为家庭农场提供包括资金、技术、生产资料、经销渠道等多种社会化服务的模式。在这种模式下要求合作社具有较强的实力和完整的组织体系。但由于受制于资金、技术和管理水平的约束，大部分专业合作社也只能提供一些简单的社会化服务，组织体系还不是很完善，难以带领家庭农场走向现代农业的发展道路。

（三）“家庭农场＋龙头企业”模式

“家庭农场＋龙头企业”模式一般是以龙头企业为核心，通过农工贸一体化、产供销一条龙的方式带动家庭农场发展。而龙头企业与家庭农场的合作实质上是“订单模式”的合作，家庭农场经营者在这种合作模式下的谈判能力较弱，企业为牟取较大利润而不惜损害农户的利益，农民往往沦为龙头企业的农业雇佣工人。“三农”研究学者黄宗智指出，在中国这样一个农民人口庞大、人地比例悬殊较大的国家，如果将大部分的农民变为纯粹的农业雇佣工人，为农业企业劳动，将导致严重的社会问题，并且使农民原本微薄的福利再次受到损失。因此，家庭农场与龙头企业进行简单合作的模式不是一种适合我国农业长期发展的模式。

（四）家庭农场经营发展中的合作共生模式

在我国现行的土地集体所有制以及家庭联产承包责任制下，土地细碎化问题严重，土地集中较为困难，加上人多地少的基本国情，我国家庭农场走土地密集的大规模化农业道路是行不通的。在这种情况下，不少学者提出适度规模化家庭农场才是我国农业的基本组织形式，但是要在适度规模化下获得大规模的经济效应，创新家庭农场经营模式是必然选择。现阶段，选择合作共生模式，把分散的家庭农场联结起来，通过合作实现家庭农场的集群与工商资本的结合，从而实现农业的区域产业化经营，这才是符合我国国情的家庭农场发展模式。

家庭农场经营合作共生系统，即农村经济生态系统，其共生单元主要由家庭农场、龙头企业及地方政府组成，各个共生单元在市场的主导下以及政策的推动下进行能量交换，进行资源要素的高效配置。家庭农场经营者拥有的土地、劳动力、农业技术等要素与工商企业拥有的资金、管理等要素以及地方政府拥有的资金与项目优势融合在一起，就能实现资源的优势互补。在共生合作模式下，各共生单元之间的要素流动都是双向的，从而形成一个利益共同体。

此外，从利益分配角度考虑，龙头企业与家庭农场可以采用双向持股的形式进行合作。之所以采用双向持股，一方面力图使家庭农场的经营成果与企业利益联系起来，防止企业为获得高利润而损害家庭农场的利益；另一方面家庭农场持有企业的一部分股票，就能参与企业经营成果的分享，这样家庭农场经营不仅能直接获取农产品生产的效益，而且能分享到农产品的加工、销售环节的收益，这极大地拓宽了家庭农场经营收入的来源，促进农户收入的提高。家庭农场经营共生模式其实强调的是一对多的合作模式，即将多个家庭农场在政府项目的引领下聚合在一起，共同联合经营，这样能获得单个家庭农场无法收获的规模效益以及品牌效应。

四、家庭农场的创办

2013 年中共中央、国务院印发的《关于加快发展现代农业进一步增强农村发展活力的若干意见》提出创办家庭农场以来，国家层面没有正式出台对家庭农场的登记注册制订的相关办法。但许多省市，如河南、山西、安徽、上海等已经分别制定了相关登记办法，云南省亦不例外。

《云南省家庭农场工商登记注册试行办法》（以下简称《办法》）于 2013 年 9 月 23 日，经云南省工商行政管理局局务会讨论通过并于当年 12 月 1 日起实施。《办法》规定，家庭农场的组织形式可根据其投资和生产经营情况以及申请人意愿，从个体工商户、个人独资企业、合伙企业、有限责任公司四种市场主体组织形式中选择其一。其中，登记为个体工商户的组成形式应为家庭经营。在登记管辖方面，其主管机关为与家庭农场四种组织形式相对应的登记主管机关。登记场所方面，可以是农村家庭住址，也可以是其种植、养殖的主要生产经营场所。登记名称方面，应包含“家庭农场”字样。以个体工商户、个人独资企业、合伙企业形式登记的家庭农场，名称由行政区划、字号、行业、家庭农场等四个部分依次组成。以公司形式登记的家庭农场，名称由行政区划、字号、行业、家庭农场、有限（责任）公司等五个部分依次组成。经营范围方面，以农业种植、养殖为主，鼓励开展多种经营。

《办法》还规定，家庭农场应以农村土地承包经营权流转集中经营为基础，以家庭（成员）投资和生产经营为主要形式，具有一定生产经营规模的农业生产经营主体，以及申请家庭农场登记，除提交与家庭农场四种组织形式相对应的法定登记材料外，还应当提交与第三条规定相应的家庭成员或亲属关系证明、土地承包经营权证或土地承包经营权流转协议书相关证明材料等内容。

从《办法》中可以看出依法登记家庭农场应符合以下条件：① 以家庭（成员）为主要投资经营者。② 经营范围以农业种植、养殖为主。③ 土地承包经营权流转年限 3 年以上。

第四节　农民专业合作社

现阶段我国大多数地区农村经济仍欠发达，政府财政支农资金管理体制仍不甚完善，而农村本身低价值的资产抵押和低保证的信用体系，使得农民很难依靠银行贷款进行市场投资。农村经济自身具有的高风险、低效益的特点导致其发展中存在巨大困难。因此，在政府财政支农资金管理体制和金融投资制度都不甚完善的环境下，为促进农村经济的全面可持续性发展另寻出路是当务之急。本金小、融资难、项目差一直是制约农村经济发展的顽疾。在财政支农资金管理体制和金融投资制度不甚完善的情况下，要发展农村经济、提高农民生活水平，就必须从根本上解决农村投资存在的问题。自持资金数额小、回报低、风险高是个体农户进行市场投资的通病，只有将小份额的资金集中起来，进行规模投资，整体运作，才可以分散风险、提高回报，从而充分调动个体农民投资的积极性，带动农村市场的整体发展。所以，将农民自有资金集中起来，结合当地县域经济特色，以农民合作社的形式组织农民自主创业显得至关重要。集中民间闲散资金，规模投资，整体运作，能够从根本上调动农民创业积极性，切实改善农民生活水平，进而带动整个农村市场的全面繁荣。

一、农民专业合作社的内涵与意义

（一）农民专业合作社的内涵

农民专业合作社是在农村家庭承包经营基础上，同类农产品的生产经营者或者同类农业生产经营服务的提供者、利用者，自愿联合、民主管理的互助性经济组织。

农民专业合作社以其成员为主要服务对象，提供农业生产资料的购买，农产品的销售、加工、运输、贮藏以及与农业生产经营有关的技术、信息等服务。

农民专业合作社是由同类产品的生产者或同一项农业生产服务提供者组织起来的，经营服务内容具有专业性，其成员主要由享有农村土地承包经营权的农民组成。这些自愿组织起来的农民具有共同的经济利益，在家庭承包经营的基础上，共同利用合作社提供的生产、技术、信息、生产资料、产品加工、储运和销售等项服务。合作社还通过为其成员提供产前、产中、产后的服务，帮助成员联合起来进入市场，形成聚合的规模经营，以节省交易成本，增强市场价竞争力，提高经济效益，增加人员收入。因此，农民专业合作社主要目的在于为其成员提供服务，这一目的体现了合作社的所有者与利用者的统一。

（二）农民专业合作社的具体意义

（1）农民合作社是根据中国政府的相关支持政策发展起来的，对当地的经济发展起到了很大的促进作用。自农村改革开放以来，我国农业经历了由统购统销到全面面向市场、由总量不足到供需基本平衡、由追求数量增加到主动进行结构调整的深刻变化。在这个过程中，农业市场化和农业产业化程度同步发展、同步提高，相互作用、相互影响，千家万户的家庭经营面对千变万化的市场大潮，客观上为新型农民专业合作经济组织的产生与发展提出了需要，提供了可能，创造了条件。许多地方在实践中，已经探索出了“龙头企业 + 合作社 + 农户”的产业化经营模式，有的农民专业合作经济组织自身就搞起了产业化经营。农民专业合作社对农村经济发展有着积极的拉动作用。虽然数量还不多，覆盖面还不大，但这种新型合作形式正在为更多的农民所认识，显示了强大的生命力。

（2）农民合作社积极地调整和改善了农民的投资状况。一方面，农村经济风险高、效益低的弊端决定了单一发展农村小额信贷的局限性，有必要将农民自有的闲散资本集中起来。另一方面，由于农业产业链条长，家庭经营方式既需要产前、产中、产后多环节的社会化服务，又需要在家庭承包制的形势下，有与之相适应的组织形成，以降低分散经营的交易成本及其市场风险。因此，农民专业合作社应运而生。

（3）农民合作社改善了农户经济关系中所处的不利地位，提高了农民的经济效益。农户作为原材料的供给者，在与龙头企业的经济往来中，往往处于劣势。如果每户以独立身份进入市场进行交易，龙头企业对于原材料的需求弹性会很大，产品价格上升空间会很小，经济利益很大程度上会流向龙头企业，或者流向商品销售的终端，农民很难盈利，农村的经济环境很难改善。但是，农民合作社的存在改变了这一局面。通过农民合作社，农户相互结合在一起，在进入市场的时候更有话语权，龙头企业对于他们提供的农产品原材料的需求弹性不会很高，农产品的价格就可以保持在一个相对较高的水平上，从而提高了农民的经济效益，从根本上改善农村经济。

（4）农民合作社能够更好地控制风险，熨平经济波动，稳定农村经济发展。由于农产品市场本身具有很强的滞后性，今年的种植计划要靠往年的收益情况来制定，但又要在下一年或者数个月后才能实现收益，这样供给与需求就很难在市场上达到平衡，农民的利益很难得到保障。此外，由于农村经济的特殊性和弱势性，农产品市场的稳定易遭受来自自然、社会及政策等因素的干扰。农民个人对于这种风险无能为力，只能硬性接受。但是，农民合作社可以凭借自身相对强大的资金实力，较为分散地种植计划，合理地控制潜在风险，从而达到稳定农村经济的效果。

二、农民专业合作社的认识偏差

在实际工作中，发展农民专业合作社的同时应当纠正一些认识上的偏差，必须正确把握以下几个问题。

（一）正确把握农民专业合作社与行业协会的区别

目前在农民专业合作社的发展中，有的农民专业合作社还没有完全摆脱行业协会的组织管理形态，如聘请当地政府领导担任顾问，设置秘书长职位，发展会员。这是对农民专业合作社组织形态的认识偏差所致。

首先，农民专业合作社是经济合作组织，不是行政事业管理组织，它是由农民自愿联合，经工商部门依法核准登记的“民办、民有、民营、民受益”独立市场法人主体，拥有生产经营自主权，不具有行政事业管理职能，也不受行政干预。它可以根据实际需要，聘请法律顾问和技术顾问，但没有必要聘请行政领导担任顾问。

其次，农民专业合作社是营利性经济组织，不是非营利性的行业协会。农民专业合作社对内服务，对外经营。行业协会是经业务主管部门审查同意成立的社会组织，对内自律和服务，对外代表行业。依据国务院 1998 年发布的《社会团体登记管理条例》规定，社会团体不得从事营利性经营活动。

最后，农民专业合作社可以依法增加新成员，不能发展会员。农民专业合作社成员以农民为主体，不受区域限制，可以增加新成员，并报工商部门备案。行业协会的会员以生产、加工、购销等企事业单位为主体，依照章程可以发展新会员。

（二）正确理解农民专业合作社与企业法人的区别

全国人民代表大会 2006 年通过的《中华人民共和国农民专业合作社法》赋予农民专业合作社法人地位，在实际工作中，我们了解到有些农民群众把农民专业合作社看作一种企业法人组织形态，其实，农民专业合作社与公司制企业法人有着较大的区别。

一是组成形式不同。农民专业合作社是在农村家庭承包经营基础上，同类农产品的生产经营者或者同类农业生产经营服务的提供者、利用者，自愿联合、民主管理的互助性经济组织。农民专业合作社由 5 名以上成员设立，没有成员数量上限规定，农民成员比例不得低于百分之八十，成员入社自愿、退社自由，公司制的企业法人是由 50 名以下具有独立财产权利的股东联合设立，没有股东数量下限规定，一个自然人股东或者一个法人股东也可设立有限责任公司。股东身份可以是不同人群。股东在公司成立后不能抽回出资，只能依法向其他人转让持有的股份。

二是出资形式不同。农民专业合作社设立登记没有注册资本最低限额规定，成员出资方式、出资数额由全体成员共同协商认定，无须由专业机构评估认定，公司制企业法人设立登记有注册资本最低限额规定，成员出资方式、出资数额必须经由专业机构评估认定。

三是分配方式不同。农民专业合作社是按成员与本社的交易量（额）比例分配盈余，公司的利润是按股东的出资比例进行分配的。

四是服务方式不同。农民专业合作社主要为成员提供购销、加工、运输、储藏、技术、信息等方面的服务，联合成员进入市场，形成聚合的规模经济，增强市场竞争力，增加成员收入。公司制企业法人不是要使公司为自己提供服务，而是通过所有权与经营权分离的模式，对外展开经营活动，创造利润并向股东报告。

五是管理方式不同。农民专业合作社是实行民主管理的自治经济组织，成员地位平等，实行一人一票的基本表决权制度。公司制企业法人是按股东出资比例行使表决权，出资越多，表决权越大。

因此，农民专业合作社是一种全新的市场主体，是新的法人形式，是国家立法创新的成果。

（三）正确把握农民专业合作社发展观念的认识问题

发展农民专业合作社，应当充分尊重农民意愿，遵循市场发展规律，通过宣传、培育、引导的方法，循序渐进地促进发展，排除在发展观念上的两个认识偏差。

一是排除发展农民专业合作社只是工商部门的事情这一认识偏差。《中华人民共和国农民专业合作社法》第 9 条规定：“县级以上各级人民政府应当组织农业行政主管部门和其他有关部门及有关组织，依照本法规定，依据各自职责，对农民专业合作社的建设和发展给予指导、扶持和服务。”工商部门是农民专业合作社的登记主管机关，是责任部门之一，发展农民专业合作社不能靠工商部门单打一地抓发展，应当在地方党委、政府统一领导下，明确各职能部门工作职责及要求，做到各司其职、各负其责，依靠社会各方面的共同努力，形成政府挂帅，部门协作，社会有关方面参与，共同促发展的工作格局。

二是排除采取行政命令方式发展农民专业合作社的认识偏差。农民专业合作社是农民出于经济利益，自愿联合和进行市场运作的互助性经济组织。各级政府部门不能采取下达发展指标等行政命令的方式推进发展，一哄而上。应当通过多种形式，多种层次向广大农民群众宣传《农民专业合作社法》的内涵及相关规定，使农民群众充分认识到成立农民专业合作社的好处及作用，自觉、自愿、自发联合。各级政府部门按照“引导不干预、指导不代替”的原则对农民积极加以引导，并根据各地农村经济发展的特点，有针对性地选择一批从事同类农产品生产经营的种（养）殖专业户予以重点帮扶，办好试点，引导其完善经营管理机制，规范生产经营行为。通过典型示范，加以推广，促进农民专业合作社健康发展。

三、农民专业合作社的基本要素

（一）成员

1. 成员的基本要求

农民专业合作社的成员可以分为自然人成员和单位成员。自然人成员包括农民成员和非农民成员。但是，不允许单纯的投资股东成为成员，具有管理公共事务职能的单位不得加入合作社。

2. 成员比例要求

农民专业合作社的成员数量要求必须在 5 人以上，农民应占成员额的 80%。成员总数 20 人以下的，可以有一个企业、事业单位或者社会团体成员；成员总数超过 20 人的，企业、事业单位、社会团体总数不得超过成员总数的 5%。

3. 成员的资格证明

农民成员以农业人口户口簿为证，非农民成员提交居民身份证复印件，企业、事业单位或者社会团体成员提交其登记机关颁发的企业营业执照或证书复印件。

（二）组织

1. 成员大会

成员大会是合作社的最高权力机构。成员总数超过 150 人的，可以根据章程规定，由成员代表大会行使成员大会职权。合作社的发展规划、决策，理事（长）、监事（会）成员的选举，分配方案，以及合作社章程的制定和修改等重大事项，都要经过成员大会或者成员代表大会讨论、投票表决通过。

2. 理事会

理事会是合作社的执行机构，对成员（代表）大会负责。合作社的重大事项由理事会提出决策建议后，交成员大会讨论决定。理事会依据章程规定，聘用经理等经营管理人员。

3. 监事会

监事会是合作社的监督机构，由成员代表大会直接选出，代表全体成员监督检查合作社的财务及监事会的工作，并向成员代表大会报告。

4. 经营机构

经营机构是合作社的经营和业务机构。规模较大的合作社也可以单设业务机构。主要将理事会的决策贯彻到日常经营管理工作中。

（三）场所

农民专业合作社成员自有场所作为经营场所的，应提交有权使用的产权证明，租用他人的，应提交租赁协议和场所的产权证明。填写经营场所应该标明经营场所所在县市区、乡镇村、街道的门牌号。

（四）出资

1. 自有资金

（1）社员出资。参加合作社要出资，每个社员都要出资。随着合作社的发展，社员收入的增加和社员对合作社信赖程度的提高，社员就能够增加出资数额。

（2）社员投资。合作社办企业和服务实体，需要动员社员投资。

（3）公积金。合作社的公积金要根据合作社的经营情况决定，在合作社成立初期，经营规模比较小，公积金不可能提太多。

（4）国家项目资金。随着国家扶持合作社的力度不断加大，项目资金会不断增加，有条件的合作社可以积极争取国家的项目资金。

2. 借入资金

（1）社员借款。合作社在社员产品销售以后，可以动员社员把销售货款借给合作社，合作社参照存贷款利率付给利息。

（2）社会借款。合作社向社会借款作为流动资金，包括向个人、企业借款。

（3）银行贷款。向金融部门贷款，用于合作社扩大生产经营。

（4）合作社内部资金互助。这是经金融监管部门批准，可采取的一种融资方法，但绝不能以营利为目的。

（五）章程

农民专业合作社章程应载明下列事项：① 名称和住所。② 业务范围。③ 成员资格及入社、退社和除名。④ 成员的权利和义务。⑤ 组织机构及产生方法、职权、任期、议事规则。⑥ 成员的出资方式、出资额，成员出资的转让、继承、担保。⑦ 财务管理和盈余分配、亏损处理。⑧ 章程修改程序。⑨ 解散事由和清算方法。⑩ 公告事项及发布方式。⑪ 附加表决权的设立、行使方式和行使范围。⑫ 需要规定的其他事项。

四、农民专业合作社经营管理模式

随着新农村建设和农业现代化的推进，我国农村经济正逐步由资源依附型向技术密集型、资本密集型和组织创新型转变。农业、农村发展需要政府惠农措施的支持、高新科技的支撑、组织管理制度的创新，三者缺一不可。国内外实践表明，农民合作社等农村社会化服务体系是将政策（金融）、科技、管理有机融合于一体的重要平台。

当前，我国正处于传统农业向现代农业转型的关键时期，农业生产经营体系创新是推进农业现代化的重要基础，支持农民合作社发展是加快构建新型农业生产经营体系的重点。在农业发展日趋市场化、国际化的今天，大力发展农民合作社，并推进农民合作社经营管理模式的创新，对于加快传统农业向现代农业转变、推进农村现代化和建设新农村都具有重要意义。

（一）合作社融资模式

1. 联保贷款模式

“专业合作社成员联保贷款”采取综合权衡、分户授信、多户联保、责任连带、周转使用的方式发放，在贷款操作流程上与小企业联保贷款流程相似，即客户申请—授信额度—贷款调查—审查审批—成员联保—发放贷款—贷后管理。在安全性上，由于采取多户联保、责任连带的方式，成员间相互监督用款，资金挪用风险降低，信贷资金相对安全；在便利性上，采取自愿组合、一次授信的方式，周转使用较为便利。

2. 竞价销售模式

竞价销售模式一般采取登记数量、评定质量、拟定基价、投标评标、结算资金等方法进行招标管理，农户提前一天到合作社登记次日采摘量，由合作社统计后张榜公布，组织客商竞标。竞标后由合作社组织专人收购、打包、装车，客商与合作社进行统一结算，合作社在竞标价的基础上每斤加收一定的管理费，社员再与合作社进行结算。合作社竞价销售模式有效解决了社员“销售难、增收难”问题。

3. 资金互助模式

资金互助模式则有效解决了社员结算烦琐、融资困难等问题，目前福建省很多合作社成立了股金部，开展了资金转账、资金代储、资金互助等服务。规定凡是入市交易的客商在收购农产品时，必须开具合作社统一印制的收购发票，货款由合作社与客商统一结算后直接转入股金部，由股金部划入社员个人账户，农户凭股金证和收购发票，两天内就可到股金部领到出售货款。金融互助合作机制的创新实实在在方便了农户，产生了很好的社会效益。其优点在于农户销售农产品不需要直接与客商结算货款，手续简便，提高了工作效率;农户不需要进城存钱，既省路费、时间，又能保障现金安全；农户凭股金证可到合作社农资超市购买化肥、农药等，货款由股金部划账结算，方便农户；合作社可把社员闲散资金集中起来，供给资金困难种植户、经营户，起到很好的调剂互助作用。

4. 股权设置模式

很多合作社属于松散型的结合，利益联结不紧密，尚未形成“一赢俱赢，一损俱损”的利益共同体。可以在实行产品经营的合作社内推行股权设置，即入社社员必须认购股金，一般股本结构要与社员产品交货总量的比例相一致，由社员自由购买股份，但每个社员购买股份的数量不得超过合作组织总股份的 20%。其中股金总额的三分之二以上要向生产者配置。社员大会决策时可突破一人一票的限制，而改为按股权数设置，这样有利于合作社的长足发展。

（二）合作社经营模式

1. 台湾省产销班模式

借鉴台湾省农产品产销班模式，发展农产品产销服务组织，如农产品产销合作社，将传统农业生产扩展到加工、处理、运输，延长农业的产业链条。一方面，生产前做好规划，生产规划迎合消费者的市场需要，做到产供销一体化。农业是弱质产业，容易受到外在因素的干扰，故应重视危机管理和预警体系的建立，生产前有完善的规划，对可能发生的气候变化、市场风险或其他意外，预先采取防范措施。另一方面，拓宽信息来源渠道，了解市场动态需求。通过多种渠道调查市场动态信息，并灵活运用信息，选择有利的销售渠道。不仅将产品转型为商品，而且要提升为礼品或者艺术品，赋予农产品新的价值，凸显新的文化特色，科学阐释农产品的营养价值，提升农业的文化层次和综合价值。

2. 带动依托模式

当前许多合作社带头人缺乏驾驭市场的能力，有了项目不懂运作，对市场信息缺乏科学的分析和预测，服务带动能力不强。对此，可以依托农业科研单位、基层农业服务机构、农业大中专院校等部门，开展从创业到管理、运营的全程带动。以对接科研单位为重点，开展创业辅导，建立政府扶持的农民专业合作社全程创业辅导机制。结合规范化和示范社建设的开展，政府组织有关部门对农民合作社进行资质认证，并出台合作社的资质认证办法，认证一批规模较大、管理规范、运行良好的合作社。在此基础上，依托有关部门和科研单位，建立健全全程辅导机制，进行长期的跟踪服务、定向扶持和有效辅导。该模式分为政府主导型和企业带动型，其中，企业带动型又以龙头企业带动型为主。

3. 宽松经营模式

要放宽注册登记和经营服务范围的限制，为其创造宽松的发展环境。凡符合合作组织基本标准和要求的，均应注册登记为农民专业合作组织。营利性合作组织的登记、发照由工商部门办理，非营利性的各类专业协会等的登记、发照和年检由民政部门办理；凡国家没有禁止或限制性规定的经营服务范围，农民专业合作社均可根据自身条件自主选择。同时，积极创办高级合作经济组织，在省、市、县一级创办农业协会，下设专业联合会，乡镇一级设分会，对农业生产经营实施行业指导，建立新型合作组织的行业体系。

当前，农业发展由主要依靠资源消耗型向资源节约型、环境友好型转变，由单纯追求数量增长向质量效益增长转变，凸显了农民专业合作组织在推广先进农业科技、培育新型农民、提高农业组织化程度和集约化经营水平等方面的重要载体作用。推进农民专业合作社经营以及管理模式的创新，并以崭新适用的模式辐射推广，必会推进农民专业合作社的长足发展，而这些也都需要我们根据实情不断地探索，并在实践中不断地完善。

第五节　农业产业化发展

一、农业产业化的概念与意义

我国农业产业化发展的构想要回溯到20世纪80年代中后期。1986年山东省枣庄市首先试行了农民养羊、农行贷款、工厂贴息和建立基地、搞好服务、完善购销合同、厂农挂钩的方法，在市场经济条件下，初步探索出了一条通过利益调节，进行农工商、产加销一体化经营的路子。1990年以后，这种农村经济发展模式在河南、安徽、江西、河北、浙江等省相继出现。同时，随着农业产业化的兴起，学术界逐渐对农业产业化开展研究，给出许多不同的定义。

（一）农业产业化的概念

农业产业化是以市场为导向，以经济效益为中心，以主导产业、产品为重点，优化组合各种生产要素，实行区域化布局、专业化生产、规模化建设、系列化加工、社会化服务、企业化管理，形成种养加工、产供销、贸工农、农工商、农科教一体化经营体系，农业产业化使农业走上自我发展、自我积累、自我约束、自我调节的良性发展轨道的现代化经营方式和产业组织形式。它实质上是指对传统农业进行技术改造，推动农业科技进步的过程。这种经营模式从整体上推进传统农业向现代农业的转变，是加速农业现代化的有效途径。

农业产业化的基本思路是：确定主导产业，实行区域布局，依靠龙头带动，发展规模经营，实行市场牵龙头，龙头带动基地，基地连接农户的产业组织形式。它的基本类型主要有市场连接型、龙头企业带动型、农科教结合型、专业协会带动型。

农业产业化是当前农业产业发展的一种经营模式，具有联合体的内涵。如果合作社是一种合作共赢的组织形式，那么产业化是一种缔结联盟的一体化过程。农业产业化经营的组织形式基本上是“公司＋基地”“公司＋农户”或“公司＋基地＋农户”模式。农业产业化是我国在积极推进农业产业化经营，提高农民进入市场的组织化程度和农业综合效益时，按照依法、自愿、有偿的原则逐步发展起来的规模经营，主要体现在经营机构新、经营权限新、管理机制新等方面，是农业发展思路的创新。

（二）农业产业化的基本特征

当下农业产业化经营与传统封闭的农业生产经营相比，具有以下一些基本特征：

1. 市场化

市场是农业产业化的起点和归宿。农业产业化的经营必须以国内外市场为导向，改变传统的小农经济自给自足、自我服务的封闭式状态，其资源配置、生产要素组合、生产资料和产品购销等要靠市场机制实现。

2. 区域化

区域化即农业产业化的农副产品生产要在一定区域范围内相对集中连片，形成比较稳定的区域化的生产基地，以防生产布局过于分散造成管理不便和生产不稳定。

3. 专业化

专业化即生产、加工、销售、服务专业化。农业产业化经营要求提高劳动生产率、土地生产率、资源利用率和农产品商品率等，这些只有通过专业化才能实现。特别是作为农业产业化经营基础的农副产品生产，要求把小而分散的农户组织起来，进行区域化布局、专业化生产，在保持家庭承包责任制稳定的基础上，扩大农户外部规模，解决农户经营规模狭小与现代农业要求的适度规模之间的矛盾。从宏观上看，推进农业产业化经营的地区根据当地主导产业或优势产业的特点，形成地区专业化；从微观上，实行产业化经营的农业生产单位在生产经营项目上由多到少，最终形成专门从事某种产品的生产。

现在实行农业产业化经营，是从大农业到小农业，逐步专业化的过程。只有专业化，才能投入全部精力围绕某种商品进行生产，形成种养加、产供销、服务网络为一体的专业化生产系列，做到每个环节的专业化与产业一体化相结合，使每一种产品都将原料、初级产品、中间产品制作成为最终产品，以商品品牌形式进入市场，从而有利于提高产业链的整体生产效率和经济效益。

4. 规模化

生产经营规模化是农业产业化的必要条件，其生产基地和加工企业只有达到相当的规模，才能达到产业化的标准。农业产业化只有具备一定的规模，才能增强辐射力、带动力和竞争力，提高规模效益。

5. 一体化

农业产业化经营一体化即产加销一条龙、贸工农一体化经营，把农业的产前、产中、产后环节有机地结合起来，形成“龙”形产业链，使各环节参与主体真正形成风险共担、利益均沾、同兴衰、共命运的利益共同体。这是农业产业化的实质所在。

农业产业化经营是从经营方式上把农业生产的产前、产中、产后诸环节有机地结合起来，实行农业生产、农产品加工和商品贸易的一体化经营。一体化组织中的各个环节有计划、有步骤地安排生产经营，紧密相连，形成经济利益共同体。农业产业化经营不仅从整体上提高了农业的比较效益，而且使各参与单位获得了合理份额的经济利益。这与实施产业化经营以前的分割式部门“条条”化形成鲜明的对比。农业产业化经营既能把千千万万的“小农户”“小生产”和复杂纷繁的“大市场”“大需求”联系起来，又能把城市和乡村、现代工业和落后农业联结起来，从而带动区域化布局、专业化生产、企业化管理、社会化服务、规模化经营等一系列变革，使农产品的生产、加工、运输、销售等相互衔接，相互促进，协调发展，实现农业再生产诸方面、产业链各环节之间的良性循环，让农业这个古老而弱质的产业重新焕发生机，充分发挥作为国民经济基础产业战略地位的作用。

6. 集约化

农业产业化的生产经营活动要符合“三高”要求，即科技含量高、资源综合利用率高、效益高。农业与工商业的结合，从根本上打破了传统农业生产要素的组合方式和产品的销售方式，使农业生产者有机会获得农产品由初级品到产成品的加工增值利润。产业化经营的多元体结成“风险共担、利益均沾”的经济利益共同体，是农业产业化经营系统赖以存在和发展的基础。在单纯的市场机制下，一旦供求关系发生变化，市场价格便随之波动，甚至是剧烈波动，影响农业生产者的利益，也影响农产品加工、贮运企业的利益。产业化经营系统内各主体之间不再是一般的市场关系，而是利益共同体与市场关系相结合、系统内“非市场安排”与系统外市场机制相结合的特殊利益关系。由龙头企业开拓市场，统一组织加工、运销，引导生产，可以最大限度地保证系统均衡，使其内部价格及收益稳定，实现各参与主体收益的稳定增长。产业化经营的多元参与主体之间是否结成“风险共担、利益均沾”的共同体，是产业化经营的重要特征，也是衡量经营实体是否为产业化经营的核心标准。

7. 社会化

社会化即服务体系社会化。农业产业化经营，要求建立社会化的服务体系，对一体化的各组成部分提供产前、产中、产后的信息、技术、资金、物资、经营、管理等的全程服务，促进各生产经营要素直接、紧密、有效地结合和运行。

社会化服务是农业产业化经营的题中应有之义。作为一个特征，它一般表现为通过合同（契约）稳定内部一系列非市场安排，使农业服务向规范化、综合化发展。即将产前、产中和产后各环节服务统一起来，形成综合生产经营服务体系。在国外较发达的紧密型农工综合体中，农业生产者一般是从事某一项或几项农业生产作业，而其他工作均由综合体提供的服务来完成。在我国，随着农业产业化经营的发展，多数龙头企业从自身利益和长远目标考虑，尽可能多地为农户提供从种苗、生产资料、销售、资金到科技、加工、仓储、运输、销售诸环节的系列化服务，从而做到基地农户与龙头企业互相促进、互相依存、联动发展。

8. 企业化

企业化即生产经营管理企业化。不仅农业产业的龙头企业应规范地企业化运作，而且其农副产品生产基地为了适应龙头企业的工商业运行的计划性、规范性和标准化的要求，应由传统农业向规模化的设施农业、工厂化农业发展，要求加强企业化经营与管理。

产业化经营需用现代企业的模式进行管理。通过用管企业的办法经营和管理农业，使农户分散生产及其产品逐步走向规范化和标准化。从根本上促进农业增长方式从粗放型向集约型转变。以市场为导向，根据市场需求安排生产经营计划，把农业生产当作农业产业链的第一环节或“车间”来进行科学管理。分类筛选、妥善储存、精心加工，提高产品质量和档次，扩大增值空间和销售数量，从而实现高产、优质、高效的目标。

上述特点说明，产业化的内涵非常丰富，从这些丰富的内涵中，还可以引申出其他许多外延作用和意义。例如，对乡镇企业产业结构和产品结构调整的作用，对新农村建设、小城镇建设和农村城镇化的推动作用，等等。

（三）农业产业化的意义

从经济学和管理学的角度来看，农业产业化的深远意义在于它能够发挥一体化产业链诸环节的协同效应与利益共同体的组织协同功能，把农业生产的产前、产中、产后很好地联系起来，引导小农户进入大市场，扩大农户的外部规模，形成区域规模和产业规模，产生聚合规模效应，合理分配市场交易利益，产生农业自立发展的动力。

实行农业产业化发展，不仅能给农民收入增长带来极大的效应，而且能对我国农业的发展起到组织和导向的作用。其重要意义有：① 有利于提高农业产业结构，增加农民收入。② 有利于农业现代化的实现。③ 有利于提高我国农业的国际竞争力。④ 有利于提高农业的比较利益。⑤ 有利于加快城乡一体化进程。⑥ 有利于吸收更多的农业劳动力。⑦ 有利于提高农业生产的组织化程度。

二、农业产业化经营的条件

（一）有可依托的龙头企业

农业产业化经营一般是以龙头企业为主导发起或建立起来的运作模式，是把龙头企业建设作为发展农业产业化的关键环节。在农业产业化发展过程中，龙头企业起到“火车头”的作用，其经济实力和带动能力，直接决定着农业产业化发展的程度和水平。龙头企业必须具有对签约农户农产品进行收购、加工或经销的能力，发挥连接基地农户和市场之间的桥梁和纽带作用。农业产业化对龙头企业的性质、经营内容等要求不高，龙头企业可以是国有企业、民营企业、私营企业或外资企业等，也可以是农贸企业、加工企业、经销企业、专业市场、中介组织、科技集团等。

（二）具备规模化的农产品生产基地和一定组织化程度的基地农户

农业产业化、规模化发展需要越来越多的零散或小群体农户加入进来，形成足够数量的农产品商品生产基地，并能达到一定批量的商品产量和产值，才能实现专业化生产、区域化布局、集约化经营和社会化服务。如果没有大批农户并生产出批量的商品，就表明生产基地尚未达到一定规模，无法实现农业产业化经营。另外，对农户的组织化程度也要有一定的要求。要以农户易于接受的组织形式，使农户在自愿互利的基础上形成各种不同类型和规模的互助合作组织，加强与龙头企业及市场的联系。基地建设就是一种生产组织形式的建设，为了维护共同的利益，能够将分散的个体农户通过谈判等形式组织起来，克服一家一户的管理困难的局限性，发挥群体的优势。

（三）龙头企业和农户之间形成产业联盟体系

在实施农业产业化的过程中，各种不同的社会经济主体包括国家、工业资本、商业资本、银行资本和农民专业合作社等都参与了农业产业化的发展，但是，无论什么样的社会经济体都必须与基地农户之间建立起相对稳定的联系，形成相对稳定的产业链和一定程度的利益共同体。所谓的产业链，又是建立在高度集成的供应链体系之中，该体系中产业主体间的关系具体表现为联盟关系，即产业联盟。这种关系可以是较松散的信誉型市场交易利益共同体之间的联盟，也可以是通过书面契约或章程建立起的紧密型合同制和合作制利益共同体之间的联盟，形成有机结合的农工商或农商型产业链，并形成不同联系程度的利益共同体。这些利益共同体的缔造，是保障基地农户和企业共同发展的重要基础。

（四）具有符合市场需求的主导产业和产品

主导产业是指具有一定规模，能够最迅速、有效地吸收创新成果，满足大幅度增长的需求而获得持续高速的增长率，并对其他产业有广泛的直接和间接影响的产业，这就要求联盟体系具备一定的市场灵敏度。主导产业是现阶段区域经济发展的支撑力量，是区域经济增长的火车头和驱动轮，离开主导产业的支撑去发展区域经济只能是空中楼阁。我国地区间经济发展水平、资源条件等差异较大，各地区应该重点发展本地区具有优势的产业，能否正确地选择区域主导产业，合理地确定其发展规模和速度，关系到区域经济建设的成败和区域可持续发展。

（五）成熟的社会化服务系统

基地范围内要有较完善的社会化服务系统，是基地建设实现规模化、集约化的重要保证。要以健全乡村集体经济组织为基础，以国家专业技术部门和龙头企业为依托，以农民自办服务组织为补充，从良种繁育、种苗提供、饲料供应、技术服务、加工、运销、信息等方面建立起全方位、多渠道、多形式、多层次的服务系统。

三、农业产业化经营模式

（一）龙头企业带动型（龙头企业 + 农户）

龙头企业带动型模式是以经济实力较强的农业生产资料生产和供应企业或农产品的加工利销售企业为龙头，对某一农产品实行系列化生产经营，带动农产或相关的生产企业发展优势产业和重点产品，联结生产基地和农户，形成紧密程度不同的产加销一体化经营。这种模式的优势在于：① 龙头企业为农民承担市场风险和管理风险。②“公司+农户”的生产经营组织形式，有效地改变了过去那种企业与农户利益直接对立的状况，建立了利益共享、风险共担的利益分配机制。③龙头企业与农户在资金、土地、劳动力和技术市场生产要素上实现了优势互补，龙头企业负责技术、资金密集、风险大的部分，劳动密集和风险小的部分交由农户负责，形成新的生产力。龙头企业与农户结合，既发挥了大规模经营的优越性，又弥补了农业小生产在经营环节上的缺陷，调动了农户生产的积极性，实现了更高层次上的双层经营。该模式的缺陷在于：受市场供求变化影响大，农产品的供求关系难以稳定，合理的利益分配不完善。

（二）专业市场带动型（市场+农户）

专业市场带动型模式的优势在于：专业市场成为农产品的集散地，加快了农产品的流通速度，减少了农产品流通环节，降低了交易费用。这种模式的缺陷在于：市场体系和基础设施建设尚需完善。农村流通中介组织还未发展完善，还需要培育专业化的经纪人队伍及提高农民参与流通的组织化程度。

（三）特色主导产业带动型（规模特色产业+农户）

特色主导产业带动型模式的优势在于：投资少、易起步、风险小，尤其适合经济欠发达地区，资源优势相对突出，生产专业化水平高，形成专业村、专业乡，形成产、加、运、销为一体的产业集群。这种模式的缺陷在于：受资源比较优势战略的影响，不容易把握市场需求；产业层次低、产品质量差、市场竞争力弱；产业（产品）结构单一，对市场的需求动态适应性不强。

（四）服务组织带动型（服务组织+农户）

服务组织带动型模式的优势在于：能够提高农民组织化程度，较好地解决农户生产规模小与市场的矛盾。这种模式的缺陷在于：有些服务以盈利为目的，不考虑农民利益，借服务为名随意加价收费。有些社会化服务基础工作不扎实，随意性太大，农民难依赖。有些服务抓不住重点，不能解决农民迫切需要解决的问题。

（五）农业园区带动型（农业高新技术园区、示范园＋农户型）

农业园区带动型模式的优势在于：典型示范作用强，农业科技推广效应大。这种模式的缺陷在于：资金投入巨大，受资金约束强；科技水平要求高，受大多数农民文化素质和科技素质不高因素制约，大面积推广条件不成熟。

（六）中介组织协调型（“农产联”＋企业＋农户）

中介组织协调型模式的优势在于：信息渠道畅通，便于信息沟通，便于协调上级、县市政府之间的关系，一方面得到省（自治区、直辖市）和国家有关部门的支持，另一方面避免不正当竞争。方便合作开发，“农产联”在市场、产品、人才和生产企业等方面可进行合作开发，以进一步提高企业素质、人才素质和产品质量，更高效地开发国内国际市场。这种模式的缺陷在于：该类型的中介组织主要是行业协会，其类型属于松散型组织。

第八章　高校服务农村经济建设的现实需求

第一节　地方高校服务新农村建设的可能性与必要性分析

（一）服务新农村建设是地方高校基本职能的具体体现

高等学校的职能是高等学校在社会发展中应该履行的职责和发挥的作用。在当今，培养人才、发展科学、服务社会已成为高等学校的三大职能。但这三大职能并不是向大学产生之时起就同时具有的，而是随着社会发展和科技进步逐渐发展起来的。18 世纪以前，为社会培养高级专业人才一直是高等学校的唯一职能。以意大利的波隆那大学（University of Bologna）、法国的巴黎大学、英国的牛津大学和剑桥大学为代表的欧洲中世纪大学主要是培养专业人才的职业学校，只是在有限的意义上可以说它是为学习本身的概念而存在。大学在满足专业、教会和政府对各种人才的需要的过程中不断发展。中世纪大学的办学目的决定了其职能主要是培养人才。虽然从中世纪到近代大学，经历了漫长的历史，但高等学校一直沿着培养人才这一方向缓慢发展，科学研究则一直没有在高等学校中找到自身存在的理由和位置。直到 19 世纪初，发展科学才慢慢成为高等学校的第二职能。因为到这一时期，西方许多国家经历了工业革命第一阶段的发展，社会生产力的解放使社会对知识的需求和依赖不断增强，而且随着高等学校自身的不断发展，其在发展知识上的优势也日益明显。但是此时的高等学校仍没有摆脱中世纪大学单一职能的影响，科学研究始终被高等学校拒之门外。而对这种矛盾，洪堡认为：科学研究职能是大学的根本价值所在，“大学立身的根本原则是，在深入、广泛的意义上培植科学，并使之服务于全民族的精神和道德教育。”[①]1810年洪堡在德国创办柏林大学，并以“研究与教学统一”为办学原则，使科学研究真正进入高等学校的课堂。自此，高等学校开始具有了第二种职能——发展科学。19世纪中后期，随着工业革命的进一步深入，社会生产力得到空前发展，德国大学所提倡的纯学术学科与社会发展格格不入，由此引发了高等学校的第三职能。1862年，美国总统林肯签署了《莫里尔法案》，办起了一批“赠地学院”，标志着高等学校开始走向为社会服务的道路。到20世纪初，范·海斯就任于威斯康星大学校长，开始明确提出高等学校服务社会的口号。他指出：“教学、科研和服务都是大学的主要职能，更为重要的是，作为一所州立大学，它必须考虑到每一种社会职能的实际价值。换句话说，它的教学、科研、服务都应当考虑到州的实际需要”，甚至“服务应该成为大学的唯一理想。”[②]自此，高等学校的第三个职能才被人们广泛接受。

由上可知，现代高等学校已具有“培养人才、发展科学、服务社会”三大职能，并且这三大职能既相互区别，又相互联系。从高等学校职能的角度考虑，地方高校具有为新农村建设服务的可能性。首先，人才尤其是各类高级专门人才是新农村建设顺利进行的关键，而地方高校最基本的职能就是培养人才。地方高校只有更多地培养出新农村建设所需的实用人才，只有拓宽这些人才通往农村的道路，只有让他们以各种各样的方式服务于新农村建设，才可能使新农村建设有人才可依。其次，新农村建设需要科技支持。新农村建设是一个系统工程，而支撑这个工程的关键就是科学技术。发展科学是地方高校的重要职能。只有地方高校充分发挥科学研究职能，才能解决各地在新农村建设中面临的特殊问题，保证社会主义新农村建设的顺利实现。最后，当前我国地方高校履行服务社会的职能应更加重视服务社会主义新

① 威廉·冯·洪堡：《论柏林高等学术机构的内部和外部组织》，《高等教育论坛》，1987年第2期，第93页。

② 转引自刘屹峰：《“服务型”教育理念下的高中音乐教学实践思考》，《音乐大观》，2014第2期。

农村建设。时至今日，“三农”问题已成为我国实现社会主义现代化的关键。正如张乐天所言：“建设社会主义新农村与建设现代化的农村并无二致。新农村便是指向现代化农村，现代化农村也便是新农村。对于中国的现代化建设而言，没有今日的新农村建设我们难以想象有真正的现代化。”①

（二）服务新农村建设是地方高校的时代使命

全国人大制定并于 1999 年 1 月施行的《中华人民共和国高等教育法》第十三条规定：“省、自治区、直辖市人民政府统筹协调本行政区域内的高等教育事业，管理主要为地方培养人才和国务院授权管理的高等学校。”在论及高等教育地方化趋势时，潘懋元教授认为：“高等教育地方化包括两层含义：其一是说高等教育要适应地方经济发展，为地方发展服务，使之成为地方文化科学中心。其二是说高等教育管理权属于地方，并以地方财政拨款作为办学资金的主要来源。”“从中我们可以明确看出地方高校的主要任务是“适应地方经济发展，为地方发展服务”。就目前的实际情况而言，为社会主义新农村建设服务与为地方发展服务并无二致。因为“地方”既包括城镇社区，也包括乡村社会，且我国大多数区域现阶段仍以农村为主体。所以当整个国家都在为实现社会主义区域和谐发展的时候，作为一种符合我国国情的具有强劲发展势头和潜力的地方高校又怎能脱离新农村建设而谈为地方发展服务？强调地方高校为地方发展服务理所当然地要强调为新农村建设服务。

另外，当今地方高校在我国高等教育结构中占据着基础性地位，发挥着为地方建设提供生力军的作用。地方高校不论学校数量，还是在校生人数都在我国高等学校中占据多数，所以为新农村建设服务是地方高校不可推卸的历史责任。

（三）地方高校服务新农村建设的特殊优势

与处于大城市的高校相比，地方高校在服务新农村建设方面，虽然具有较多不

① 张乐天：《告别理想：人民公社制度研究》，上海人民出版社 2012 年版。

利因素，但也具有一些特殊优势。

1. 地方高校具有地域优势

从我国高等教育总体布局和行政体系上看，地方高校处于我国高等教育体系的最基层，一般位于中小城市，距离农村较近。在服务新农村建设方面，具有近距离、零距离的优势。一方面，地方高校可以直接感受到农村社会的变化及存在的问题。另一方面，可以较为全面和系统地认识新农村建设过程中存在的需求，与处在大城市的高校相比，地方高校更了解农村缺少什么，需要什么。地方高校在地域上具有的优势决定了地方高校在新农村建设方面可以提供更准确、更快捷的服务。

2. 地方高校具有人才智力优势

一所地方高校，在高校云集的大都市也许并没有什么特殊的地位和作用，但在高校较少的地方，则是该地区智力的最高点，是该地区高层次人才培养、培训的重要基地。尤其是现在，经历了十几年高等教育大众化大发展后，我国地方高校的办学实力明显增强，师资水平显著提高，科研能力不断提升，学科专业日趋齐全，能够为新农村建设提供优势人才和强大智力支持。

3. 地方高校具有人缘优势

地方高校与所在区域社会有着天然的联系。地方政府的官员和各类工作人员很大比例上都是地方高校培养出来的学生，他们对母校有着特殊的情感，希望母校能够获得更好的发展，同时他们也愿意、也能够为母校的发展提供更多的帮助。另外，地方高校的教职工和培养的对象有很大比例来自本地区，他们对农村拥有更多的感性认识，对新农村建设也拥有更多的关注，对帮助当地农村发展、改善农民生活也将有更多激情。

4. 地方高校具有服务价格优势

地方高校位于农村腹地，这使地方高校在为新农村建设方面具有一定的价格优势。一般性的社会服务，在地方高校和其他高校具有同等层次的技术情况下，地方高校为农民和乡镇企业的需求者提供服务，不仅能节省他们的时间成本，而且能减少他们的交通费用，更为重要的是能为他们提供后续的技术指导，所以出于对这些原因的考虑，农民和乡镇企业的需求者不可能跑到外地去寻求其他高校的服务。

综上所述，地方高校与大城市高校相比所具有的特殊优势，为地方高校服务新农村建设提供可能性。

第二节　新农村建设与地方高校发展的相互依存

（一）新农村建设需要地方高校的鼎力相助

千百年来，建设一个和谐美好的农村一直是我国广大农民的心愿。随着中国特色社会主义事业进程的不断推进，农村发生了翻天覆地的变化，农民生活得到了很大的改善，但是与我国城市相比，两者之间的差距却在不断扩大。长期以来，我国农村和城市一直施行“城乡分治、一国两策”的政策，结果导致城市工业强劲增长，乡村农业却畏缩不前，增幅远远低于工业；城市建设日新月异，农村面貌却变化较慢，尤其在我国中西部地区，大部分农民依然住的是旧房，走的是土路，农村的整体面貌还处于“脏、乱、差”的境地；更为重要的是经历了40多年的改革开放，城乡居民收入差距不但没有缩小，反而出现不断扩大的趋势。为了改变我国这种工农失调、城乡失衡的状况，为了促进工业与农业协调发展，为了实现城乡经济社会共同进步、共同繁荣，中共十六届五中全会在《中共中央关于制定国民经济和社会发展第十一个五年规划的建议》中提出，要按照“生产发展、生活宽裕、乡风文明、村容整洁、管理民主”的目标要求，有计划、有步骤、有重点地稳步推进社会主义新农村建设。

“生产发展、生活宽裕、乡风文明、村容整洁、管理民主”五大目标要求，内容丰富、含义深刻，是一个包含农村物质文明、精神文明和政治文明建设于一体的庞大的系统工程。这个工程的实施需要全社会的参与，尤其需要我国数量巨大的地方高校的支持。因为新农村建设本身就包含着对农村教育的建设。没有农村教育的发展，新农村的发展很难实现。另外，农村的物质、精神，乃至政治民主建设都与教育的发展分不开。而今新农村建设向前推进，不仅继续要求农村基础教育持续健康发展，同时要求高等教育的发展相伴而行，成为推动新农村建设的有力助动器。当今，新农村建设寓含着对高等教育的需求，尤其是对地方高校的需求，对此我们可以从农村物质文明、精神文明和政治文明建设等方面进行认识：

1. 新农村物质文明建设对地方高校的需求

“生产发展、生活宽裕”是对我国新农村物质生活层面提出的要求。没有农村物质文明这个基础或这个基础薄弱，要想顺利实现新农村精神文明和政治文明建设的目标，都是一厢情愿的空想。而在农村物质文明建设中，发展生产是最主要的内容。因为所有关于新农村建设的思路，都离不开资金的投入，而农村建设资金的投入有赖于农村自身的生产发展。当前我国农村实现生产发展的关键在于实现农业现代化。然而，未来农业发展的出路在于“实现农科教结合，把农业和农村经济的增长转移到依靠科技进步和提高劳动者素质的轨道上来”。因此，要实现农业现代化就必须加强对农村人力资源的开发。然而，目前我国对农村人力资源的开发相对滞后，农村人才资源匮乏。

我国农村要实现生产发展，实现农业现代化，就必须深度开发农村人力资源，把低素质的劳动力改造为高素质的劳动力。地方高校在开发人力资源和提高劳动者科学文化素质方面优势显著，所以新农村物质文明建设迫切需要地方高校的介入和支持。

2. 新农村精神文明建设对地方高校的需求

“乡风文明、村容整洁”是对我国新农村精神生活层面提出的要求。文化是精神的集中体现。所以要实现新农村精神文明建设的目标就不能忽视新农村文化建设。只有农村文化建设搞好了，才能丰富农民的精神生活，才能提高农民的思想道德素质和科学文化素质，才能更好地促进社会主义新农村物质文明和政治文明的建设。然而，我国长期以来对农村文化建设重视不够、投入不足，致使我国大部分农村地区文化资源匮乏，文化生活单调。这是许多农村“文化生活”的真实写照。尤其在我国的中西部地区，农民的精神生活更是贫瘠不堪。以下引用林建对西部农村老人文化现状的调查来说明这个问题。

“状元乡”老人生活原生态

在西部最贫穷的西海固地区的一个乡镇，笔者看到有一群灰尘满面围坐在墙根上打牌的老人，他们的平均年龄都在七八十岁。据说他们常常在那里打牌，但并不赌钱。村里没有一间文化室，但在距他们不远处却有一座崭新的农民集资两万元捐建的寺庙（这个乡农民的年平均收入不足 800 元）。在六盘山下某县的一个村里，有一座新修的远近闻名香火很旺的“黑虎庙”，我们发现，这里所祭祀的已由过去的关公到多神。不仅有传统的“三教”中的人物，还有孔子的牌位、有金庸小说中人物的牌位，甚至还供奉着两幅毛泽东的《清平乐·六盘山》的条幅。农民对精神生活的极度渴求与文化的贫瘠让人震惊，然而更让人疑惑不解的却是这里历史上原本有着深厚的文化底蕴，有着从丝绸之路到红军长征的厚重文化积淀，而现实的情形是这里还是远近闻名的“状元乡”！例如，仅西吉的田坪乡近十年就培养出了五百多名大学生。然而，没有一个大学生学成回乡。不知远在他乡的游子中是否有人想到过，谁来发掘家乡的文化宝藏？谁来关注父老乡亲的精神需求？

农村文化设施和资源的短缺不仅为许多农民打牌赌博创造了条件，还为一些不法分子创造了可乘之机，他们把许多低俗文化产品带到农村市场，使大量含有反动、淫秽、暴力、凶杀内容的图书和音像制品在农村市场泛滥。这些文化垃圾不仅危害农民的思想，破坏农村的文化市场，还严重影响农村社会的稳定，对新农村精神文明建设造成重大的破坏。精神文明建设是社会主义新农村建设的重要内容，也是建设社会主义新农村的思想保证和强大的精神动力。地方高校作为所在区域传播现代文明的重要场所，拥有掌握先进文化和现代思想的教师和学生，在改善农村文化生活，引领农村精神风尚方面优势明显，所以新农村文化建设离不开地方高校的支持。

3. 新农村政治文明建设对地方高校的需求

“管理民主”是我国新农村政治文明建设的主要目标。在我国农村人口占绝大多数的情况下，农村政治文明的建设是实现我国广大农民当家作主的民主权利的最直接形式，是实现社会主义新农村建设的重要保证，也是支撑社会主义政治文明建设最稳固的基础性工程。但是长期以来，我国一直以城市发展为导向，对农村的政治建设关注不够，所以在国家提出建设社会主义新农村时，农村政治文明建设还存在着诸多问题和挑战。主要表现在：

（1）村民自治制度不健全

村民自治制度是指村民依据宪法和村民委员会组织法授予的权力实行自主治理，它的基本内容包括：民主选举；民主决策；民主管理；民主监督。然而，由于我国农民科学文化水平低下及长期受封建思想的影响，大部分自治村的具体自治制度不健全或流于形式，使得村民无法真正参与决策、管理和监督。

（2）农民民主意识淡薄

民主意识是现代政治生活健康运行发展不可缺少的心理要素之一。农民民主意识主要是指农民为主张自己的民主权利、保护自身的合法利益而提出的自己当家作主、管理国家、集体以及公共事务的思想主张。农民的民主意识主要包括主体意识、权利意识、参与意识、法治意识、监督意识等。只有农民拥有良好的民主意识和民主观念，社会主义新农村政治建设才能顺利进行，才能走出形式化的沼泽。然而，长期以来我国农村一直受人治观念的影响，农民法治意识比较淡薄，加之大多数农民文化程度不高，在他们的意识中“权大于法”“政策高于法”的错误观念依然根深蒂固。

（3）农村基层领导干部科学文化素质低

在许多农村地区，基层领导干部的科学文化素质不高也是目前制约我国新农村政治文明建设的重要因素。农村基层领导干部工作在农村第一线，直接参与农村政治文明的建设和领导，但是他们的文化素质水平却令人担忧。

农村政治文明建设是社会主义新农村物质文明和精神文明建设的重要保障，没有政治文明的现代化就没有农村的现代化。一个地区理论水平高、法律意识强的优秀人才大都集中在地方高校，充分发挥这些优秀人才的舆论宣传功能，帮助农民树立民主法律意识；同时新农村建设需要农村基层领导干部具有科学文化水平和相应的执政能力，地方高校可以充分发挥自己的培训优势，开展培训工作；此外，地方高校还可以以向广大农村地区输送“村官”的方式改善农村政治文明建设的环境。所以，要实现新农村政治文明建设离不开地方高校的大力支持。

（一）服务新农村建设是地方高校走出困境新的生长点

潘懋元、王伟廉指出：“高等学校直接为社会服务的职能，不仅是社会的客观需要，也符合高等学校自身发展的逻辑。高校的社会服务，不只是满足社会的需要，也是高校自身发展需要。”[①]

1. 新农村建设为地方高校的发展提供资金

随着我国高等教育大众化进程的推进，地方高校的办学规模不断扩大、在校生人数不断增加、师资队伍力量不断增强，地方高校获得了快速发展。但在地方高校

① 潘懋元，王伟廉：《高等教育学》，福建教育出版社 2013 年版。

快速发展的同时也面临着办学经费严重短缺的问题。首先地方高校获得国家财政性经费的比例逐年降低。再加之近几年地方普通高校的数量激增，把这些财政性经费划拨到每所地方高校，每所地方高校所得到的国家财政性经费寥寥无几。其次地方高校获得非财政性收入的能力有限且具有很大的不稳定性。而对财政性经费的减少，地方高校不得不通过增加非财政性收入维持学校的正常运转。然而，我国地方高校除了 20 世纪 60 年代以前建立的老本科学校和近年中央部委划转下放的本科高校外，多数是由专科学校或中专学校甚至成人高校升格、合并组建起来的新型本科院校。这些高校在获取社会捐助、校办企业、科技成果转化方面的能力大大低于中央部门高校。所以学生缴纳的学杂费就成为许多地方高校获得非财政性经费的主要手段。但学费收入是有一定限度的，不可能无限制的提高，所以一定程度上可以说，地方高校办学经费的获得具有很大的不稳定性。而对地方高校发展中的经费问题，新农村建设可以为其提供获取资金的途径。

地方高校除了可以从外界获得办学经费，还可以通过为农村地区提供服务获得发展所需要的资金。如地方高校可以通过开展培训课程获得培训费。地方高校通过承担转移培训任务，大力开展非学历的职前、职后培训，建构开放式的职业教育与培训体系，正是地方高校发展的难得机遇。另外，地方高校还可以通过科研成果的转化获得经费。地方高校教师、科研人员每年有大量的科研成果，但是我国科研工作者不重视科研成果的转化，特别是一些已取得阶段性成果的科研项目或者是对促进当地农村极大发展的科研成果，转化率偏低，没有产生应有的经济效益。如果地方高校充分重视高校教师的科研成果，采取鼓励措施使这些科研成果充分转化为生产力，不仅对提高当地农业有很大的帮助，而且高校也可以通过科研成果转化以及技术指导获得所需的办学经费。

2. 农村是地方高校科研课题的源头和科技成果推广应用的重要阵地

众所周知，地方高校无论是人才还是设备基础都不如国家重点高校，在争取国家级、高层次科研项目上缺乏竞争力。但地方高校的科学研究具有自身的特色与优势，如侧重应用性研究，研究具有地域性、民族性等特点。地方高校可针对本地区经济社会发展的状况为之服务。新农村建设本身是一个重大课题，对于各级政府都是一个崭新的事业，这为地方高校的科学研究提供了广阔的发展空间。因为地方新农村在建设过程中会遇到各种实际困难，这可以为地方高校提供大量的研究课题和内容，而这恰恰可以发挥地方高校的比较优势。

此外，地方高校教师为了能成功进行科研立项和获得科研经费，在选题之初就比较侧重从地方经济社会发展的需求出发，选择当地经济、社会发展中亟须解决的科学技术问题，从而使地方高校的科研带有比较强的实用性和浓郁的地方色彩。这些课题的转化需要合适的土壤，而新农村是一个科学技术比较贫乏的地方，需要高校为其提供大量的科研成果和技术支持，所以新农村是科技成果推广应用的重要阵地。

3. 新农村建设为大学生就业提供平台

高等教育大众化为我国经济社会的发展培养了大批高级专业人才，但同时也带来了严重的社会问题——大学生就业难。然而在激烈争夺就业岗位的过程中，国家重点院校毕业的大学生由于所在高校办学质量高、社会声誉好，比地方高校的大学生拥有更多的优势。地方高校的大学生毕业究竟该何去何从。潘懋元指出："高等教育大众化的毕业生去向，如果都要在城市就业，职业岗位有限，势必大量待业"，"农村是广阔的天地，农村的经济与社会发展了，也需要并能容纳更多的大学毕业生就业"。①

潘懋元还指出："21 世纪经济和社会的发展，对领导干部的知识、能力、素养提

① 李均：《潘懋元与高等教育史研究》，《教育史研究》，1999 年第 1 期，第 10-14 页。

出了新的挑战。一个乡镇的领导干部，是一方的带头人，也应当有宽阔的视野，创新的精神，较高的知识水平，科学的管理能力。能够掌握现代信息，领会党和国家的方针政策的精神，结合本地情况，设计发展规划，组织、领导群众建设社会主义现代化农村。如果全国乡镇领导干部，逐步要求其具有高等教育水平，那么全国农村，将需要多少大学毕业生？而这些领导干部为农村现代化建设，又要吸纳更多的大学毕业生。”“不仅农村干部需要受过高等教育的大学生，新农村建设的方方面面都需要高级专门人才。

新农村的建设离不开地方高校为其提供人力、物力和科技方面的支持，同样建设新农村是高校教学、科研和实现成果转化的主战场，不仅为高校发展提供动力，同时也是高等教育创新的源泉。但目前，我国地方高校在服务新农村建设的过程中还存在许多问题有待解决。

第九章　高校服务农村经济建设的发展路径

第一节　我国地方高校服务新农村建设的现状透视

地方高校作为我国高等学校的重要组成部分，作为现代社会发展的“动力源”，是否为新农村的建设发挥出了自己应有的作用呢？为了了解我国地方高校服务新农村建设的状况，有必要对我国地方高校服务新农村建设的现状进行调查，为进一步促进地方高校服务新农村建设奠定基础。

（一）调查设计

对我国地方高校服务新农村建设现状的调查主要包括以下一些问题：调查的目的是什么？依据什么来确定调查内容？采取什么方法来了解现状？调查对象如何选择？依此思路，笔者对所做调查进行了如下设计。

1. 调查目的

随着我国经济社会的不断发展，农村、农民、农业问题成为制约我国小康社会建设的关键，引起了国家和全社会的强烈关注，解决“三农”问题迫在眉睫。农民科学文化水平低下是制约“三农”发展的关键。地方高校作为我国高等教育的主力军，担负着为全社会尤其是为地方社会经济发展提供人才保障、科学研究和社会服务的神圣使命。为了切实了解地方高校服务新农村建设的实际状况，需要对地方高校服务新农村建设的现状做一个调查分析，从所显示的问题中发现地方高校服务新农村建设过程中存在的缺陷，以便在实践中加以完善。

2. 调查内容确定的依据

本次调查内容的确定主要依据高等学校的职能。虽然在当今社会，人们认为大学有许多功能，但是人才培养、发展科学和服务社会被大多数人所接受，成为高等学校的三大职能。

——培养人才。培养人才是高等学校最基本的职能，是决定高等教育的本质因素。

——发展科学。发展科学是高等学校重要的职能，是大学的根本价值所在。

——服务社会。服务社会是高等学校培养人才、发展科学职能的延伸和拓展，是对高等学校资源的充分利用，也是沟通学校与社会联系的桥梁。

地方高校作为高等学校的重要组成部分，具有与高等学校相同的职能，所以这三大职能也是地方高校存在的基础。因此，要了解我国地方高校服务新农村建设的现状，就必须围绕地方高校的职能进行调查。

3. 调查方法和对象的选择

本次调查采取问卷调查和个别访谈两种形式，对地方高校服务新农村建设进行实证研究。

问卷调查采取随机抽样的方法，问卷调查主要集中在河南省三所地方高校进行。之所以选择这三所学校，原因是这三所学校的办学层次、类型、办学时间和综合实力具有典型性和代表性，能够在一定程度上反映我国地方高校的真实情况。这三所学校分别是：

一所是研究教学型、综合性，有百年历史的河南省某地方高校，简称 A。

一所是教学型、多科性、升本不久的河南省某地方师范学院，简称 B。

一所是高职类、多科性，建校历史较短的河南省某地市高等职业技术学院，简称 C。

调查对象为在校大学生，三所学校每所学校发放问卷 160 份，共发放 480 份，回收有效问卷 444 份，回收率为 92.5%，从回收的样本看，具有一定的代表性，可供分析参考。

被访谈的对象为三所在校大学生、科研人员和成人培训的管理人员。在调查过程中，由于受客观条件的限制，笔者还参照了三所高校在网络上所公布的一些数据和相关文件。

（一）调查显示的几个突出问题

1. 地方高校培养的人才无法通向农村

高等学校推动社会发展，主要是通过其培养出来的各级各类人才在社会发展中发挥作用。地方高校培养的人才通向农村是新农村经济社会发展的基础，是新农村建设顺利进行的人才保障。“建设社会主义新农村，必须要有强大的人才队伍支撑，换言之，把更多的青年人才充实到农村中，带动亿万农民投身建设社会主义新农村的伟大实践，这是一个无法回避的现实。”但是调查结果显示，目前地方高校培养的大多数人才不愿意去农村工作，在被调查的大学生中表示愿意去农村就业的只有 178 人，占被调查大学生的 40.1%，更多的大学生则不愿去农村工作。在被调查的大学生中农村籍大学生有 324 人，占被调查人数的 73.0%，但毕业后愿意回农村工作的大学生只有 140 人，只占农村籍大学生的 43.2%。

2. 地方高校对新农村建设的宣传教育不足

在被调查的大学生中只有 56.3% 的人知道社会主义新农村建设的“二十字目标”，而 43.7% 的大学生不能比较全面地说出新农村建设的目标。这说明当代大学生了解农村的主动性不强，对农村的关注程度不高，尽管新农村建设已经成为当前我国社会的热点之一，但大学生对它的认识依然有限。而对这种情况，地方高校作为为当地经济社会发展培养人才的专门机构，并未对其培养对象认识、了解“三农”提供充足的帮助，致使很多大学生由于不太了解国家关于新农村建设的相关政策而降低了他们通向农村的可能性。调查表明，地方高校大学生开展了解“三农”、认识“三农”的活动常常有假期实践、大学生社团和课题研究等几种方式，在所调查的三所学校中学校组织的假期实践是学生了解农村、农民、农业的主要途径，学生自己组织的“三农”社团是大学生了解“三农”的有效途径，学校开展讲座是大学生了解“三农”的一种补充途径，而专门开展有关“三农”课程或进行有关“三农”课题的研究对大多数学生则比较陌生，还有 16.7% 的学生表示从未听说过学校开展过此类活动。并且学校开展这些活动的频率不高，只有 11.7% 的学生表示学校经常开展“三农”方面的活动，76.5% 的学生则表示学校偶尔或很少开展此类活动。从调查的结果可以看出三所地方高校对在校大学生进行关于“三农”政策和教育的宣传不足。但笔者在调查中发现，很多大学生希望学校为他们提供更多了解“三农”、认识“三农”的机会。许多学生希望高校组织更多“三农下乡”方面的活动，扩大参与面，让更多的学生有机会参与其中，真正了解农村的发展情况；同时希望高校能够把“三农”问题作为专门的课程或者把“三农”问题作为政治课的一部分，或者把它作为一门选修课，供需要的同学选修；希望高校多开展一些关于“三农”方面的讲座并与当前大学生的就业联系在一起；此外，还有许多学生希望高校通过广播或在宣传栏张贴海报的形式把国家关于新农村建设的新政策及时地传递给学生等。

3. 地方高校培训农村人才的内容单一

高等学校的人才培养职能即包括对在校大学生的培养也包括对社会成员的再培训。新农村建设不仅需要大量受过专门教育的高级专门人才，也需要大量经过开发和培训的农村劳动力。在对三所学校成人培训管理人员的访谈中，当问及“贵校开展了哪些针对农村地区培训的项目”时，三所学校成人培训管理人员的回答几乎是一致的——对农村地区中小学校长和教师的培训。除此之外开展其他内容的培训则很少。

4. 地方高校的科学研究远远不能满足新农村建设发展的需要

我国新农村建设刚刚起步，当下在我国最重要的科学研究莫过于对新农村建设的研究。对新农村建设的科学研究不仅应体现在农村经济发展的层面，同时也应体现在农村文化建设，政治民主建设的层面。开展科学研究、促进科学进步是高校的三大职能之一。我国新农村的建设刚刚起步，在我国长期的发展中既没有成功的先例可以效仿，也没有实践经验可循。并且我国农村地域宽广，自然条件、经济情况及历史文化底蕴各不相同，所以不同地区在新农村建设过程中必然会碰到不一样的问题，如建设农村特色化、发展特色农业等。要解决这些问题，事先必须做出缜密的科学研究，才能为实践提供指导。地方高校可以充分发挥自己的科学研究功能，开展农情调研，为新农村建设提供合理化方案，降低所在区域新农村建设的成本。但从调查结果看，地方高校还没有对农村问题的研究给予充分的重视，研究的内容也远远不能涵盖新农村建设中所遇到的问题。

5. 地方高校服务新农村建设的形式单一

高校直接为社会服务已成为现代高等教育的重要职能之一。20 世纪初，范海斯就任美国威斯康星州立大学校长时指出："教学、科研和服务都是大学的主要职能，更为重要的是，作为一所州立大学，它必须考虑到每一种社会职能的实际价值。换句话说，它的教学、科研、服务都应当考虑到州的实际需要"，甚至"服务应该成为大学的唯一理想。"[①] 在我国，为当地经济社会发展服务应成为地方高校的立命之基。本人对三所高校服务"三农"的调查结果显示：三所高校中 A 校服务"三农"主要以学生社团为主，组织的活动主要有支教、学术研究、爱心助学和爱心募捐等，活动时间一般为寒暑假期；B 校相对来说服务"三农"的工作做得比较好，开展的活动既有专家学者，又有广大师生的参与，并且在 2009 年学校组织的暑假服务"三农"

① 包莹，栗洪武：《威斯康星大学系统运行模式对我国地方院校发展的启示》，现代教育管理，2014 年第 9 期，第 113-118 页。

的活动中每个学院充分发挥自己的特色为农村服务，例如，外语学院开展外语人才培训，文学院进行推广普通话活动，美术学院为农村绘制壁画和宣传标语，尤其是艺术学院组织文艺骨干到农村教唱红歌等；C 校虽然作为地市高校，但在服务“三农”方面相对落后。

从调查结果我们可以看出，随着新农村建设不断深入以及高校对自身职能认识的不断深化，地方高校服务农村的内容和形式都有了很大的变化。但是同时我们也应看到，目前地方高校在服务新农村建设方面还主要是以学生为主，高校教授学者参与较少，并且大都以文化服务为主，没有充分发挥地方高校的咨询、规划等其他作用。而美国的高校在服务社会时除了组织学生和教师为所在社区提供教育、音乐文化服务外，还积极开发高校内在潜力开展各种各样的服务，例如，为所在社区的居民提供信息服务，咨询服务、知识服务和其他直接社区服务的活动。

（三）地方高校服务新农村建设存在问题的归因分析

导致地方高校服务新农村建设的服务项目类型少、覆盖面窄、动力不足的原因很多，本文着重从国家、农村和地方高校三个层面来进行分析。

1. 国家层面的原因

（1）公共政策的“城市取向”，导致城乡政策不对称

在我国，长期以来各级政府部门一直都采用“城乡分治”的政策来处理城乡关系，在资源的分配上往往以城市为主。教育资源的分配同样存在城乡差别，尤其是高等教育资源在城乡分配上的不平衡成为高等教育不能有效服务农村的外部阻力，更成为建设社会主义新农村的障碍。

（2）国家对地方高校统的过严，地方高校缺乏办学自主权

由于新中国成立后国家实行严格的计划经济制度，我国高等教育事业的运行和发展也由国家行政部门统一规划、统一管理，高校无论是招生、专业调整、教师聘

用还是毕业证件发放都由政府统一管理和规定，高校只是政府决策的执行者，几乎没有办学自主权。尽管这些年国家认识到高等教育由其自身的特性和发展规律，开始不断增加高校办学自主权，但是在地方政府对地方高校拥有更多的管理权之后，由于缺乏管理高校的经验，仍然倾向于使用传统的行政管理方式对地方高校进行管理。这种限制地方高校办学自主权充分发挥的管理方式，使地方高校服务新农村建设的积极性和主动性难以发挥，从而制约地方高校服务新农村建设。地方政府要根据高等学校的办学特点，对其适当放权，使地方高校拥有更多灵活设置专业、设置课程、组建科研组织等最基本的办学权力，只有这样才能使地方高校充分发挥自己的优势和特点，积极投身到建设新农村的伟大事业中去。

（3）国家刚性的大学评估机制制约着地方高校为农村服务

目前国家对高校的评估注重的是科研成果及论文数量、招生规模、学校条件建设、经费投入、教师学历等，而不把社会贡献率列入评价指标体系中，这种评估导向极大地影响着地方高校服务社会的积极性。另外评估的结果还直接关系着高校获取财政性办学经费的多寡，并且我国还长期存在“人往高处走，水往低处流”的思想，受这些因素的影响，许多地方高校想借评估使自己升格，中专层次的学校想升格成专科学校，专科层次的学校想升格成本科院校，原来的本科院校想升格成综合性重点院校。这使它们不顾自身的实际情况，盲目按照教育部制定的统一评价标准进行建设，结果造成很多地方院校丢失了自己的本色，忽视了自己存在的基础，也使得这些地方高校只盯着短期利益，对服务新农村建设的历史意义视而不见。

（4）高校毕业生通向农村的就业政策不完善

在被调查的大学生中，只有 40.1% 的大学生毕业后愿意去农村工作，笔者在对不愿去农村工作的大学生进行的调查中发现，导致这些学生不愿去农村的原因有多方面。但其中农村地区基础设施差、发展前景小和农村地区的待遇低是阻碍大学生去农村的主要因素；大学生的个人价值观虽然也是阻碍大学生选择去农村就业的一大障碍，但目前在校的大学生大都出生在 80 年代末 90 年代初，出生在我国社会主义改革开放的大潮中，他们在就业时更看重工作前景和待遇的高低。在笔者的访谈中许多大学生表示如果国家能对大学生去农村地区工作提供更多的优惠条件，他们可能会选择去农村工作，所以价值观对大学生去农村就业的影响度与国家所提供的优惠政策有关；学校开设的专业不对口、家庭反对和对于农村生活难以适应。虽然对大学生去农村就业有一定的影响，但从调查的情况看影响并不是很大。所以，从调查中我们可以看出国家对大学生去农村就业的政策和农村基础设施的情况是影响当前大学生去农村就业的主要因素。而再对愿意去农村就业的大学生的调查中发现，许多大学生去农村就业倾向于选择“村官”或者是去农村教育机构，自主创业和去乡镇企业的人数偏少。而且这些学生也对去农村工作存在一些担忧，担心国家给予的相关优惠政策能否落实，去了还能不能回来，用什么方式和身份回来等。并且很多学生表示如果国家承诺的去农村工作的优惠政策不能落实或者在农村“前途渺茫”，他们可能会在两三年之后谋取另外的职业。

无论有无农村就业意向的大学生都对当前国家的政策都比较关注，国家政策的完善与否直接关系着大学生通向农村的可能性并且关系着大学生长期为农村服务的可能性。但目前我国对高校大学生通向农村基层的政策还有一些问题，主要体现在如下几方面：

首先，国家对选派大学毕业生到农村基层工作的政策本身存在一些缺陷。

一是激励力度不大。对于苦读十几年的大学生来说，取消见习期、上浮一级工资的政策，激发不起他们去农村的热情，因为现在的高等教育是收费教育，许多大学生上大学花费了家中大量的钱财，尤其是从农村走出来的大学生，无论是学生个人还是家长都希望大学毕业后能获得较高的经济报酬。但“上浮一级工资”，最多一个月增加几十块钱，这对他们来说吸引力太小，所以起不了太大的激励效果；其次对于去农村基层大学生子女入学给予照顾的政策也没有太大的吸引力，因为目前国家已经开始实施义务教育，子女入学大都按家庭所在区域划片上学，而且现在各地加强小城镇建设，鼓励个体私营经济，每个人都可以在户口、子女入学上给予照顾，所以对大学生来说这项政策体现不出优惠在哪里。二是对农村基层干部数量和结构考虑不足。目前在村一级的干部出现“人满为患”的现象。马雷对江苏省 21 个乡镇的 372 个村的调查显示，在江苏平均每个村有村干部 7.6 人，有的村多达 15 至 16 个村干部。在这种情况下，大学生在农村很难发挥出作用，而且由于大学生的思想观念与这些村干部不同，再加之对所在村庄的生活习俗不太了解，很可能遭到排挤，最终打击这些大学生的积极性。三是国家政策承诺导向有偏差。目前，从中央到地方，都有相似的承诺，大学生在基层工作两到三年，经考核合格的录用到机关工作，重点充实乡镇机关，其中特别优秀的，选拔进乡镇领导班子。这些承诺看上去对大学生有很大的吸引力，但是如上所述，在大学生工作的村落中，大学生只是众多村干部中的一员，并且大多数大学生在基层担任的都是助理或副职，不掌实权，在这种情况下大学生想取得很大的政绩几乎不太可能。另外，政策只说表现优秀、政绩突出的大学生可以被提拔，但大量“不优秀和政绩不突出”的大学生又将何去何从。

其次，国家政策措施落实不到位，缺乏必要的政策保障。

目前，国家虽然制定了一系列鼓励大学生去农村基层的优惠政策，但是由于缺乏必要的政策保障和保障政策落实的法律法规，致使很多政策无法真正落实到基层。再加上我国农村地区由于长期受计划经济的影响，在机制、体制等方面存在很多问题，如农村基层单位的用人制度长期存在人浮于事、论资排辈、高位低能的现象，并且在一定范围内还非常普遍，致使农村基层人员得不到优化，不合格人员出不去，合格的进不来。而且由于各地经济社会发展不平衡，国家虽然文件上规定大学生应该享有的一些优惠政策，但地方政府无力落实，致使有些大学生的权益受到损失，使很多去基层的大学生有上当受骗的感觉，对国家的政策失去信心。

所以，国家制定优惠政策是促使大学生去农村基层工作的必要前提，而配套政策的完善和这些政策的最终落实是大学生去农村基层工作的“保护伞”，没有这些先提条件，即使再鼓励大学生要有奉献精神，又有吃苦耐劳的精神也只是空洞的口号。

2. 农村层面的原因

（1）农村对地方高校缺乏了解

首先，农村对地方高校职能不了解。长期以来，地方高校与所在区域农村社会的发展相互脱节，二者之间缺乏沟通，很多农村地区不了解地方高校的职能。在绝大多数人看来，高校是培养高级人才、研究高深学问、关注国家大事的学府，与农民的生产、生活没有联系，加之部分农民认为农业是“低贱的行业”，对自身职业“自我鄙视”心理的存在，在他们的思维中很少考虑或根本没有考虑高校竟然还有社会服务的职能，更谈不上思考如何利用地方高校的技术和人才发展自身的经济。

其次，农村对地方高校服务的内容不熟悉。地方高校提供的社会服务内容，尤其是较为具体的服务项目，农民不太了解。因此，在很多地区农民知道地方高校能为自己解决某些问题、提供服务，但是由于不知道应该由哪个院系来完成，或不知道如何与其取得联系等使本应该发展的活动却难以完成。

最后，农村对地方高校的缺乏信任。许多农村地区对本地区地方高校的社会服务能力、社会服务状态缺乏了解，对其社会服务能力持怀疑态度。尽管有些地方高校完全有条件有能力为当地农村的发展提供一些技术和培训等方面的服务，但在一些地区农民还是宁愿舍近求远，寻求重点高校、专业院校为其提供服务。

（2）农村对科学技术的现实需求不足

在我国农业生产的分散经营、劳动密集型的经济发展形态和庞大而又低层次的生产主体等，使得农村地区对现代化技术需求还只是停留在“理想”层次。另外受传统观念的影响，农民的市场意识、竞争意识淡薄，小富即安、守成小变的观念根深蒂固，强化了农民对自身经验的“依赖”性和对新知识、新技术的排斥心理；另一方面，由于经济、地理条件、交通等客观条件的制约，许多需要更新和提升的技术或产业，也难以转化为现实的需要。这在一定程度上制约了地方高校对农村社会的服务。

3. 地方高校自身的原因

（1）地方高校定位存在偏失

在我国高等教育体系中，地方高校具有重要作用，它不可能代替部属重点高校，也不可能被独立学院和民办高校所替代。各类高校之间，能级有别，各有分工，各有侧重，都是国民高等教育体系中的组成部分。现代社会的高等教育体系应该是多层次、多样化、作用互补、和谐发展的‘生态系统不同层次、不同类型的高校应根据自身特点科学定位，制定各具特色和科学合理的发展战略和规划，形成各具特色的人才培养、科技贡献和社会服务方式。目前，在我国，许多地方高校缺乏对当地经济社会发展状况的准确认识，对自身在办学条件、办学水平、办学质量、办学效益等方面缺乏充分的认识，导致在高校发展目标定位上盲目向高水平大学看齐，脱离自己的实际情况。地方高校办学目标定位高远，对于学校长期发展具有一定的积极意义，但是不切实际的定位必然会导致地方高校忽视自身的优势和特色，挫伤广大师生的积极性。“立足地方，服务社会”是地方高校的立校之本，发展之基。所以地方高校必须把为区域经济建设和社会发展服务作为自己的办学宗旨，在开放和服务中求发展，并以政府政策为导向，积极加强与地方经济实体的联系和对接，促进地方经济社会发展。

（2）地方高校服务新农村建设的观念滞后

随着我国高等教育的不断发展，地方高校社会服务工作已经取得了一定的成效，社会服务观念也发生了很大的转变。但是在关于地方高校服务新农村建设方面，地方高校的许多领导和教学科研人员还存在一些观念障碍。这些观念障碍具体表现在以下几方面：一是不务正业论，许多地方高校认为自己的主要任务就是教书育人，只要把人培养好了就行。而搞服务新农村建设会分散力量，影响到教学和科研工作的正常运行，搞服务新农村建设有不务正业之嫌。二是自找苦吃论，许多地方高校认为开展服务新农村建设，一般都是选择经济发展水平落后、基础条件较差、离城市较远的贫困地区。这些地区的生活环境、生活设施和农民的科学文化知识水平远不如城市，开展科技服务或文化娱乐活动难度较大，效果较差，有时甚至会出现事倍功半的结果，极大地影响着地方高校教师和学生的积极性，让人有种自找苦吃的感觉。三是收益微薄论，高校的社会服务在性质上可以分为有偿性服务与无偿性服务。由于受市场经济的影响，获取适当的劳动报酬是地方高校在开展社会服务时不得不考虑的问题。农村地区经济发展一般比较薄弱，地方学校开展科技、文化下乡很少能得到可观的收入或者令人满意的回报，此外，地方政府和学校对于开展新农村建设服务的补贴很少甚至为零，这对于地方高校的教师和科研人员来说，服务新农村建设基本上就等于无私奉献。这种无私奉献短时间还可以，但是历时过长，就会直接影响到服务人员的积极性。四是清高自大论，地方高校尤其是地方本科院校一般是该区域的最高学府，在这里工作的一些教师往往有“我是一方老大”的盲目自满意识。在服务新农村建设方面，认为只能社会来求我，我自己也能主动到农村的田头去服务，感觉这样有失自己知识分子的身份。受这些观念的影响，地方高校没有充分重视利用自身在服务新农村建设方面的优势，没有积极、深入地开展关于新农村建设方面的调研工作，信息闭塞，从而导致地方高校在为新农村建设服务时缺乏系统的对策和思路，如对服务什么、怎样服务等问题缺乏应有的认知，从而进一步制约了地方高校服务新农村建设作用的发挥。

（3）地方高校服务新农村建设的机制不完善

目前，地方高校在服务新农村建设的功能没有得到充分发挥，除了地方高校定位不准，服务观念滞后，地方高校服务新农村建设的机制不完善也是影响其功能发挥的主要因素。在我国地方高校服务新农村建设的机制存在以下几个问题：一是对从事农村建设的教师和科研人员缺少相应的激励政策。在我国，许多高校不重视第三职能的实施，高校对于教师服务社会与否，服务质量的高低不在教师工作评价中体现出来。在许多地方高校，从事农村社会服务的教师和科研人员不仅待遇得不到保障，而且职称、职务晋升难，与教学工作量相比服务农村的工作量被大打折扣，科研“后补助”也很难落实，这种政策在很大程度上制约了高校教师服务农村的积极性。二是对于高校开展的新农村建设缺乏管理机制。地方高校开展服务新农村建设的活动都是学院、社团或者教师和科研人员个人自发的一种活动，学校没有相应的管理机构，也没有专人负责。三是整体的政策导向模糊。地方高校对于该不该为新农村建设服务、服务哪些方面、怎样服务等问题缺乏相应的规定。地方高校服务机制的不完善严重影响了地方高校服务新农村建设的步伐，也阻碍了地方高校自身的发展。

第二节　地方高校服务新农村建设的战略思考

社会主义新农村建设关系着我国社会的长治久安，为了满足广大农村对各类高级人才的需求，满足广大农民依靠科技脱贫致富的愿望，满足广大农民提高自身素质、追求现代文明的渴望，国家以及地方高校在这些方面应有所为。本文从优化地方高校服务新农村建设的政策环境、完善地方高校服务新农村建设的机制、转变地方高校服务新农村建设的观念以及具体探索地方高校服务新农村建设的实施路径、高校服务农村经济建设的有效手段五个方面对地方高校服务新农村建设进行思考。

（一）优化地方高校服务新农村建设的政策环境

1. 宏观政策向农村倾斜

目前，国家已经提出建设社会主义新农村的战略目标，我国总体上已进入“以工促农、以城带乡”的新的发展阶段，这反映了国家宏观公共政策的重心开始转向农村。但是国家对农村地区的政策还要进一步地细化落实，落实国家公共财政向农村教育事业投入的规定，保证“财政新增教育、卫生、文化等事业经费主要用于农村”，促进农村地区的发展。

2. 国家完善大学生去农村的优惠政策

当前大学生就业难的情况，政府可以通过政策倾斜，使大学生在就业比较困难的城市和就业相对容易、又具有多项优惠政策的农村之间做出选择。例如，国家可以制定大学生农村就业的补偿政策，划拨专项资金，设立“新农村就业奖学金”“新农村就业学费减免基金”或“新农村创业资金”等，对愿意去农村地区就业或者创业的大学生提供资金帮助，地方政府还可以根据本地区农村经济发展需要对去农村就业的毕业生发放一定的“安家费”、工资补助、零利息创业贷款、缴纳三金等。

（二）完善地方高校服务新农村建设的机制

1. 转变地方政府职能，扩大地方高校的办学自主权

由于地方政府和地方高校在促进新农村建设中具有各自不可替代的作用，因此理顺两者之间的关系至关重要。目前，地方政府对地方高校统得过严，阻碍了地方高校办学自主权的实施，从而也影响到地方高校服务新农村建设的成效，要改变这种状况，就必须从转变地方政府的职能入手。首先，地方政府要减少对地方高校的行政干预，由过去以微观管理为主转变为以宏观调控和指导为主。地方政府减少对

地方高校的管理，并不是意味着放弃对地方高校的所有管理，而是从过去地方政府什么都管转变为主要在教育方针、发展战略、组织协调等方面对地方高校进行宏观管理，而把专业设置、课程改革、招生等微观领域的事情交给地方高校自行管理。其次，地方政府要运用多种手段对地方高校实施宏观调控。除行政手段外，地方政府还可以利用规划、拨款、评估和服务等多种手段对地方高校实施宏观调控。如地方政府可以充分利用财政拨款的手段引导地方高校为新农村建设服务。因为地方高校的财政主要以地方政府拨款为主，所以地方政府可以依据地方高校服务本地区农村社会经济发展的实绩对其拨款，对于贡献度大的地方高校，地方政府可以多拨款，而对于贡献度小的高校，地方政府则可以减少拨款。并且地方政府还可以对促进农村社会发展好的、经济效益高的、受农民欢迎的服务项目给予奖励；还可以设立专门服务“三农”的科研经费，通过追加科研经费、立项拨款等方式刺激地方高校提高服务水平，鼓励在服务“三农”方面做出突出贡献的教科研人员等。

2. 制定地方高校为新农村建设服务的评估体系

地方高校的任务主要是“面向区域、行业经济服务”，所以在考核地方高校的办学水平时，不仅要考核地方高校人才培养和科学研究的情况，还要把地方高校服务区域和行业的能力列入考核范围。农村是地方高校所在区域的重要组成部分，也是衡量一个地区经济社会发展的主要指标之一，所以在评估地方高校服务社会能力时必须把服务农村社会建设列入评估体系中。建议国家制定高校分类考核和评价体系，根据地方高校的实际情况，制定关于地方高校的考核与评价体系，并把地方高校为新农村建设服务的状况和业绩，列入考核体系之中。

3. 完善地方高校服务新农村建设的内部机制

地方高校开展新农村建设服务不是权宜之计，而是地方高校获得长久发展的必要选择，所以完善地方高校服务新农村建设的内部机制，为开展新农村服务创造良好的内部环境和条件至关重要。

（1）动力机制

地方高校开展新农村建设服务需要动力机制，这主要取决于地方高校对自身发展、社会贡献的价值和作用的认识程度和水平。地方高校要从教学、科研、社会服务三者的内部关系，以及地方高校与新农村建设的外部联系来解决地方高校服务新农村建设的认识程度和水平。

（2）激励机制

地方高校要开展新农村建设服务首先应为开展服务教学科研人员提供时间、信息、经费、实验设施等方面的支持。其次要将教学科研人员的服务实绩纳入教师评价体系中，作为晋升职称、提高工资级别、获得奖励的条件之一。第三要对服务新农村建设创造的经济效益，根据参加者的实际贡献大小按一定比例给以提成，并鼓励教学科研人员可以用专利或技术进行技术入股，获得合理分配。另外，对于教学科研人员利用闲暇时间服务新农村建设所得收入，学校予以承认并给以支持。

（3）管理机制

地方高校要把服务新农村建设纳入学校工作的重要议程，由学校派一名领导主管这一方面的工作，并制定配套的管理办法、规章、制度等。另外，地方高校还要做好服务新农村建设的规划，加强服务队伍的建设，要有组织、有计划地培养服务新农村建设的骨干队伍和开展新农村服务工作。

（三）转变地方高校服务新农村建设的观念

“社会服务观念的转变有两层含义：其一，要不断扩展区域高校的社会功能，要不要在社会服务问题上转变观念。其二，以怎样的思想境界和精神状态、什么样的方式和策略，在社会服务问题上转变观念。”经过几十年的发展和探索，对地方高校来说，社会服务成为高校的第三大功能已被大多数领导和教师所认同，对他们来说社会服务观念的转变主要是第二种含义的转变。许多地方高校的领导和教师不愿意为新农村建设服务，一个关键性的问题是对地方高校服务新农村建设的重要性认识不够，所以转变地方高校领导和教师观念的首要问题就是让他们认识到地方高校服务新农村建设的重要性。其次，还要破除地方高校服务新农村建设的观念性障碍。

1. 深化地方高校对服务新农村建设的认识

地方高校的领导和教师要认识到“立足地方，服务地方”是地方高校的立校之本，当前新农村建设是我国社会主义现代化建设的重中之重，是区域经济可持续发展的关键，地方高校在履行服务社会职能的时候应该围绕新农村建设这一主题进行，为农村经济、政治、文化培养大批的合格人才和推出能改进和推动农村生产力发展的科研成果。为社会主义新农村服务建设是地方高校应尽的职责，是历史发展的必然趋势，是党和国家赋予它的历史使命。同时地方高校的领导和教师也要认识到只有地方高校真正在当地农村社会的建设中发挥作用才能得到当地政府和人民的认可，才能获得自身办学所需的资金和生源，才能使自己走出发展的困境。

2. 破除地方高校服务新农村建设的观念性障碍

仅仅认识到地方高校开展新农村服务的重要性，不等于破除了妨碍服务工作开展的各种观念障碍。具备了开展服务新农村建设的思想境界和胆识，要让服务新农村建设的理论认识转化为自觉的实践，还需破除各种观念上的障碍。

第一，破除封闭保守思想。

由于受到体制、地理文化以及自身等各种因素的影响，许多地方高校在服务新农村建设过程中表现出严重的小农生产意识、封闭的保守思想。这些思想严重阻碍了地方高校开展新农村建设服务，妨碍了地方高校的改革和发展。开展新农村建设服务，往往理论上讲得头头是道，但是一落实到行动上，就问题百出。观念是行动的先导，不破除这种封闭保守观念，地方高校服务新农村建设的活动就无法开展。

第二，破除畏难情绪。

目前，随着我国新农村建设的不断推进，许多地方高校已经认识到服务新农村建设的重要性，但是由于对农村社会情况不了解，担心出现失误或怕犯错误而不积极主动地开展服务。这是很多教师和科研人员在服务新农村建设方面存在的普遍问题。地方高校要转变服务观念，必须破除求稳怕乱的思想。在服务新农村建设中，地方高校要勇于创新，敢冒风险，允许失败，善于在挫折和失败中前进。

（四）探索地方高校服务新农村建设的具体路径

1. 改革招生政策

（1）提高农村学生的招生比例

社会主义新农村建设不仅需要大量资金，更需要大批有文化、有技术、懂管理、懂经营的新型农民，尤其需要较多受过高等教育的人才。我国农村拥有大批中学生，如果给他们更多上大学的机会，不仅可以实现农村人口的转移、提高他们的素质，还可以通过他们带动他们家乡的发展。因为这些农村学生对农村的落后、贫穷有着深刻的体会，而且他们也深知只有知识才能改变命运，所以一旦给了他们上大学的机会，不仅可以使农村学生个人受益，而且还会带来很大的社会收益，他们就像播种机一样对他们家乡产生示范、带动、引导、启发等作用，甚至是当地农村人了解、学习外界的小窗口。如果能动员他们回到农村可以大大加快农村的建设步伐，同时来自农村的比来自城市的大学生更熟悉农村的生活方式、人文环境等农村亚文化，因此，更有条件、更有可能安心留在农村及小城镇工作。但目前，随着新农村建设的不断升温，高校尤其重点高校农村在校生的比例不但没有提高，反而呈下降趋势。因此，要想不影响新农村建设对高级专门人才的需求，地方高校就必须承担起培养大量农村大学生的责任。要完成这个任务地方高校不得不改革目前的招生政策，使招生比例向当地农村学生倾斜。地方高校可以通过以下几种途径提高农村学生的比例：一是地方高校在招生过程中，可以通过某种方式，针对城市和农村生源的不同特点，按相应的比例择优录取，从而增加农村学生进入高校学习的机会。二是地方高校还可以采取对农村学生降分录取的方式，适当降低一到二个分数段，进而增加农村学生的数量。三是地方高校在应届高中毕业生中招收一定比例的定向生，在这些学生入学之初就规定毕业后他们必须从事一定年限的农村服务，并制定相应的违约处罚措施等。

（2）面向农民招收农民身份的大学生

我国农村劳动力丰富，但文化水平不高，尤其具有大专及以上文化水平的农民少之又少。地方高校可以在国家和地方政府的支持下，面向农村基层招生，培养具有农民身份的大学生。这些农民身份的大学生从农村来，毕业后仍回农村去，可以有效地缓解新农村建设中人才匮乏的问题。在历史上，我国高校在招收农民身份大学生方面有一定的探索并获得一定的成功。地方高校如果能够充分把握住为新农村建设培养大批农民大学生的机会，不仅可以有效解决新农村建设对高素质人才的需求，还可以拓展自己的生存空间、获得社会的认可。

2. 改革人才培养模式

把农民以及农民子女招收到高校之后，如果仍按照为城市发展培养人才的模式进行教育，那么这些人就业时只会考虑留在城市，即使他们中有人回到了农村，但学非所用，也会阻碍他们为家乡做贡献。针对这种情况，地方高校要根据新农村建设的需要，调整办学定位和改革人才培养模式，培养出适合农村发展需要的人才。

（1）地方高校合理定位

所谓学校定位，即一所学校办学方向、角色定位、特色所在的办学理想和价值追求。高等学校定位的含义应是指学校向社会提供劳务的品种、数量和质量。劳务的概念主要体现在三方面：人才培养、科学研究和社会服务。每所高校承担的任务、服务功能的类型和范围不同，其定位也不同在我国有一千多所普通高校，这些高校不可能都办成‘世界一流’的研究型大学，而且社会也不要求这些高校都提供相同的“劳务”。随着知识经济社会的到来，以个性化需求为主要导向的知识经济，社会需求就非常多样，在这个情况下，我们不同的学校，只有根据自己学校的情况，选定了社会的某一部分的需求，作为你主要的发展方向，你培养出来的人，才会满足社会这部分的需求。我们国家这么大，需求这么多，不同的学校都根据你的情况，选定不同的这样的一个目标，来作为你服务的对象，对整个国家来讲都有了。如果说我们都像清华北大看齐，都培养这种学术型的人才，那么，学术人才就多了，但是广大更多需要的那种实用型的人才，操作性的人才，或者应用性的人才可能就很缺，实质上我们现在这个社会，各种人才都需要，他们是同等重要。所以高校只有合理定位才能满足社会发展的需要，而且也只有合理定位才能使高校在激烈的竞争中拥有一席之地，尤其是对于处于劣势的地方高校。

基于此，地方高校应该在正确认识自身在高等教育系统中所处的位置和自身的发展历史、学校性质、学科专业等实际情况的基础上，找准自己的位置，合理定位。地方高校作为由地方政府承办的高校，在定位时就必须立足地方，根据所在区域的特点与需求，合理定位，发挥自己的优势，办出质量，办出特色，实现学校的可持续发展。

（2）改革地方高校人才培养模式

长期以来，我国高等教育体制一直以城市发展为指向，其人才培养目标、教学内容、专业设置等方面带有明显为城市服务的特点。高等学校的开设仿佛不是真正朝向农村人为着农村的发展开设，而是为着农村人脱离农村的开设。所以地方高校合理定位后，人才培养模式的改革就成为实现为农村培养人才的关键。

第一，树立指向新农村建设的人才培养观。

随着我国经济体制的转变，农村经济结构正在发生着深刻的变化，不仅由原来单一的粮食生产向林牧副渔多种经营生产格局转变，而且还在向现代化大农业方向发展。新农村建设的不断深入对人才提出了更高的要求，要求地方高校培养的人才既要有知识又要有能力，既要懂理论又要有实践经验，而且还要有实干精神和创新能力。而对新农村建设的人才需求，地方高校要树立起培养“下的去、留得住、用得上”的人才培养观。

第二，构建科学合理的课程体系。

地方高校确立了为新农村建设培养“下的去、留得住、用得上”的人才观后，就需要构建科学合理的教学课程体系，以满足地方高校人才培养的需要。在上文我们已经论述过我国目前地方高校学生对新农村建设缺乏较深刻的认识，但他们对新农村建设有一定的参与意识并渴望学校为他们提供更多了解农村社会的机会，所以地方高校在进行课程设置时应该为学生增设一门“农村教育”课程。我国是一个农业大国，在 2020 年实现 65.22 的城市化率以后，仍将有近 7 亿人生活在农村，农村就业人口存量仍然有 4 亿之多。此外，我国政治、经济、文化长期存在的“二元结构”的现实，注定了农村教育是一种国情教育。首先，开设“农村教育”课程可以使地方高校大学生认清中国农村社会的特点，了解农村社会向城镇社会、农业社会向工业化社会转型时期人们的价值体系、行为和生活方式所发生的变化。其次，开设“农村教育”课程还可以让地方高校大学生认识到社会主义新农村建设不仅关系着当地农民的脱贫致富和农村社会的繁荣发展，还关系着国家的长治久安和民族的伟大复兴，加快实现我国农业现代化建设是每一个青年知识分子的责任。最后，开设“农村教育”课程还可以让地方高校大学生了解到对人类苦难的同情比他们掌握科学技术和专业知识更为重要，让大学生了解到解决我国几千万父老乡亲的温饱问题和实现亿万农民脱贫致富问题是我国所有人民的愿望，更是当代青年不可推卸的时代使命。

第三，改革传统的人才培养模式和教学方法。

新农村建设是一个实践性问题，所以对大学生开展的农村教育不能仅停留在对学理层面的探究，而且要培养学生解决农村问题的实际能力。这需要地方高校的教师在教学过程中改变以教师为中心的“满堂灌”和文字教材一统天下的传统教学方法，提高学生在课堂中的主体地位，激发他们思考问题的积极性并采取多种培养模式。例如，教师可以采取讨论课的方式，鼓励学生自己去收集资料，思考新农村建设中存在的问题，使学生在与教师和同学互动的过程中形成自己的观点，并探寻和选择合适于自己服务新农村建设的路径和方法；教师还可把课堂移到农村，让学生亲身体验农村生活，感受农村发展，并且还可以在学生服务新农村建设的实践中对学生进行专门的培训和指导。

3. 地方高等教育通向农村改革

（1）加强毕业生就业指导

促进地方高校毕业生通向农村，对他们进行就业指导必不可少。地方高校的就业指导工作可以从以下三个方面入手：一是要让即将毕业的大学生认清当前的就业形势，调整好自己的就业期望，端正就业观念。二是大力宣传科教兴国、科教兴农的战略以及国家大学生去农村就业的多项优惠政策，鼓励大学生积极到农村建功立业。三是向毕业生介绍大学生在农村就业和创业的先进典型和成功经验，让毕业生认识到去农村就业不仅可以实现自身的价值还可以帮助农民脱贫致富。此外，地方高校要与基层工作的毕业生保持联系，当这些毕业生在工作中遇到困难的时候及时为他们提供帮助，在他们取得的成绩的时候及时鼓励他们，使毕业生感受到“离校不离家”。地方高校还可以通过网络建立“校友平台”，开设经验交流、校友互动、咨询服务等多种项目，使大学生可以在网络上获得他们想要的帮助。

（2）地方高校直接为新农村建设服务

徐同文认为："区域高校是所在区域文化体系中的最高层次。特别是区域的本科院校，是本区域的最高学府。由于高等教育本身所具有的特性，如文化开放性、思想前沿性和信息交流的便捷性，使区域本科高校与大城市本科高校、甚至于国外发达国家大学比较，除了科技学术水平的差距外，其他方面如教学内容、管理模式一般都没有太多差别。但与大城市相比，发展中地市无论精神文化还是物质生活，却有巨大差距。这样就客观上造成了区域高校与所处区域社会的文化落差，远远大于城市特别是国际大都市、省会城市的高校与所处社会的落差。就像物理学上的势能一样，落差越大相对能量越大。也就是说，区域高校对于所处的各个方面相对落后的区域社会，需要服务的内容和能够服务的项目远远多于大城市高校。"[①] 结合他的论述我们可以得出这样的结论：农村地区是所在区域精神文化和物质生活最贫瘠的地方，地方高校与农村所具有的落差是最大的，因而地方高校在农村发挥的"势能"将会更大，农村需要地方高校为其服务的项目更是远远大于城市的需要。所以地方高校可以充分利用自己的智力和物力优势直接为农村的政治、经济、文化建设服务提供服务。

第一，为地方政府提供政策咨询。

在新农村建设过程中，政府部门的科学决策起着重要作用。尤其是在新农村建设的初期阶段，农民的主体性比较薄弱，政府的科学引导十分重要。地方政府在新农村建设中的科学决策、合理规划离不开专家、学者的参与，地方高校拥有本地区大量的高级专门人才，可以在其中发挥积极作用，间接支持新农村建设。

第二，为新农村文化建设服务地方高校具有服务新农村文化建设的先天优势。

首先，地方高校可以对所在区域的历史文化开展课题研究，挖掘该区域的文化

① 徐同文：《区域大学的使命》教育科学出版社 2004 年版。

特色，带动该地旅游业、特色手工业的发展；其次，地方高校对于外来文化、新文化的理解和吸收能力较强，可以充分利用这优势向农村传播文明、健康和富有时代气息的新文化；再次，地方高校还可以引导农民自办文化节目，发展农村文化。例如，地方高校的师生可以与民间文化团体、文化户、文化大院、个体电影放映队等文化实体共庆传统节日和传统民间艺术节，在活动中帮助农民建设自己的文化团体；最后，地方高校可以利用自己对国家政策、法规和法律理解更透彻、把握更深刻的优势，组织师生对农村进行国家的政策宣传，提高农民理解和执行政策的水平，提高农民的维权意识。特别是对外出打工的农民可以进行法律知识的宣讲，帮助准备外出打工的农民做好法律知识的准备，使农民外出打工能有意识地维护自己的权利，避免权利的剥夺和侵害。

第三，发挥地方高校自身设施作用为新农村建设服务

地方高校不仅拥有众多优秀的学者和学生，还拥有用于人才培养的完善和先进的硬件设施，如实验室、图书馆和计算机房等，这些都是农村地区所难以企及的。地方高校可以利用这些设施为农村地区经济社会的发展服务。例如，地方高校可以与地方科研、生产单位和信息机构建立数据库，特别是对农业技术、市场信息、科研成果及实用型技术、农村文化建设、法律法规及方针政策等信息资源有效地进行整合，方便农村的技术人员、农民干部和农民获得所需的知识；地方高校图书馆可以利用馆藏丰富的优势，在暑假或寒假期间免费向农民开放，使农民有机会获得自己所需的知识，提高自身修养；地方高校的体育设施也可以在一定时期内为农民开放，为提高农民群众的身体素质做出贡献。

（五）高校服务农村经济建设的有效手段

1. 发挥育人功能和科研优势，为农村经济建设提供基础保障

为了更好地加快农村经济建设的步伐，最为关键的是应该加强经济建设人才的

培养。地方高校应该不断实施教学改革，强化教育质量，为服务“三农”培养出高素质的应用型人才，不仅文化水平高，而且懂技术、懂经营、善创新，为农村经济建设培养出“领头羊”，以及具有现代化经营创新理念的新型管理干部。其次，新农村建设需要具备强烈的科技创新的愿望，高校应该发挥出人才资源和科研优势，全面关注科技发展农业的问题，重视农业问题方面的研发，全面提升自主创新精神和能力。此外，对阻碍农村经济发展的问题给予高度重视，比如，农村建设的生态、资源以及环境问题进行分析，对地方人口数量、整体素质等进行详细研究。

2. 多方助力，促进大学生村官在农村扎根

地方高校作为大学生村官实施的主要阵地，肩负着培养地方村官的职责和使命。因此，应该根据新农村建设的人才需求，不断探究村官创业培养模式。通过校企合作、校村合作的方式，将大学生在校所学知识技能应用到农村经济实践发展中去，从而让实现资源共享，优势互补，提升大学生村官的经济建设能力和创新能力。比如，可以将学生村官实施的农业创业项目和高校科研成果融合起来，在发挥出高校科研优势基础上，也能提升农村资源优势，促使大学生村官在实践工作中不断提升和锻炼自己的各方面能力，形成共赢的局面。其次，为了让大学生村官在农村扎根，实现创业安家，带领村民致富的目的，政府也应该发挥出政策优惠作用，提供充足的资金支持，为他们提供发展的有利环境，为大学生村官提供社会保障，解决子女上学问题，这样才能让他们将全身心投入农村经济建设事业当中来奠定基础保障。此外，地方媒体也应该发挥出监督作用，跟踪实时报道各地政府是否将农村经济创业事业落实到位，大学生基层创业途径和机制是否完善，全面提升优惠政策的透明度和实效性。

3. 发挥高校成教的创业教育优势

高校成人教育应该充分地把握住为新农村经济建设培养人才的机遇，增强成人教育的农村适用性，在各地农村强化创业教育，这样不仅可以解决农业经济建设人才不足的问题，还能提升自身的发展空间，得到社会各地的充分认可，一方面，应

该按照农村成人教育学生源的需求去完善招生考试制度。比如，外语作为成人高考的必考学科，但是大部分农村的成人学生外语基础都较为薄弱，在工作中和生活中几乎应用不到其次，高校应该转变成人教育副业的观念，应该以地方经济发展特色为主，全面设置农村创业活动的课程和教学模式同时，全面发展农村远程教育，技能培训课程。另一方面，深入了解农民创业的实际需求，进而开展区别于普通高等教育的特色化创业教育。只有他们具备了足够的创业知识和技能，以及文化知识，才能为农村经济建设贡献出自身的力量，因此，成教应该以创业教育为主，增加实训基地，将创业创新能力作为培养的主要内容。

4. 双管齐下，激发地方高校“为农服务”的内驱力

我国长期以来形成的“二元”经济社会结构，导致城乡差距不断加剧，“城市像欧洲，农村像非洲”，因此，高等教育在指导思想上也重视为城市建设输送人才，而极少为农村、农民和农业服务。要改变目前的局面，需要从政府和地方高校两个方面双管齐下。政府应建立高等教育为农村经济建设服务的配套机制，引导高等教育服务农村经济建设。首先，建立相应的财政支持机制，对涉农地方高校给予拨款和贷款的政策优惠及倾斜。其次，要建立地方高校分类考核和评价体系，将地方高校为农服务的状况和业绩纳入考核体系，并将考核结果与计划调控、财政支持和重点建设项目挂钩。第三，要制定和实行新的人事奖励和职称晋升制度，对涉农研究和服务的教师在校外奖励、职称评定等方面给予相关优惠政策。而地方高校也应合理定位，树立“立足地方，服务地方”的办学目标。地方高校可根据学校情况，选定区域经济和社会的实际需求作为发展方向，培养能满足当地经济社会发展需要应用人才，将服务新农村建设，发展农村创业经济作为履行高校的社会服务职能之一，发挥自己的优势，办出自己的特色，实现学校的可持续发展。

5. 多方发力，助推大学生村官立足农村创业安家

地方高校作为大学生村官政策实施的先锋阵地，肩负着培养和输出大学生村官的重要使命，因此，根据农村创业经济发展和新农村建设的人才需求，探索村官创

业培养模式就成为关键。地方高校可借鉴“校企合作”、高校“产学研”等模式开展“校村合作”，把大学生在校所学的知识、技能等与农村社会的具体实践有机结合起来，让学校和农村实现优势互补、资源共享，以切实提高大学生村官的创业能力和培养质量。比如，将大学生村官牵头设立的农村创业项目与地方高校的科研结合起来，从而既使得地方高校的科研优势得到发挥，也使得农村的资源优势得到升华，更使得大学生村官在农村的实践工作中不断地锻炼和提升自身的创业能力，实现多方共赢。为了使大学生村官安心扎根农村创业致富，政府和社会也需要积极营造有利环境。地方政府不仅要出台优惠政策、优化配套措施、提供资金支持，更要尽快打破城乡差别，建立完善的社会保障体系，如为落户农村创业的大学生发放安家费、缴纳三金、优先安排其子女入学等，为投身农村创业经济建设的大学生解除后顾之忧。全社会也要为村官在农村创业立家提供良好的舆论氛围。各类媒体应该站在党和国家发展全局的高度，以强烈责任感做好农村基层就业报道，传递出“行行建功、处处立业”的主流声音，正确引导舆论。媒体也要充分发挥舆论监督作用，跟踪报道各级政府的促就业创业举措是否落到实处，大学生基层就业创业渠道是否通畅等，增加优惠政策的透明度。

6. 立足农村，发挥地方高校成教的创业教育功能

地方高校成人教育如果能充分把握为新农村建设培养大批实用人才的机会，提高成人教育的农村适用性，推进创业教育走入农村，不仅能有效缓解农村创业经济建设中的人才匮乏问题，更能拓展自身生存和发展空间、获得地方社会的认可。首先，必须根据农村成人教育生源的特点改革招生考试制度。比如，外语是成人高考的必考科目，但农村成人学生的外语基础普遍较弱，几乎没有机会在实际工作中使用，同时也剥夺了很多农村学生接受成人高等教育的机会。其次，地方高校必须改变视成人教育为“副业”的观念，在充分调研地方经济发展特色和农村劳动力特点的基础上，设置适合在农村开展创业活动的课程体系和教学模式。比如，增加以专业型创业为导向的课程内容，发展农村远程教育、职业培训等适合农村教育对象的

教学模式。最后，要充分了解农村成人学生创业的实际需求，因材施教，开展不同于普通高教的特色化创业教育。成人在长期的工作经历中往往具备了创业意识，积累了一定的创业知识，接受创业能力和技能的系统学习才是最急切的需求，因此，成教的创业教育要增加创业的实习、实验和实训教学时数，将创业能力培养作为核心目标。

7. 因地制宜，服务农村创业项目信息库建设

首先，地方高校要从宏观层面把握涉农科研方向，编制合理的科研计划，为农村创业经济发展提供切实可行的科学技术支持。地方高校的科研计划要应对农村创业经济建设中出现的重大问题和市场的长远需求，进行超前研究，增强农业科技储备。地方高校的科研计划要有利于创业人员获得较高经济利益，要突出与农村创业经济发展相适应的新内容，有利于促进创业人员及时掌握新技术，增加产品的技术含量，提高产品在市场中的竞争力，实现较高的经济价值。其次，地方高校要从多个方面寻求科研成果突破，为农村开展创业活动提供可靠的项目来源。可以通过强化农业科技示范基地建设，扩大覆盖面，发挥高新技术的示范与辐射推广作用，使广大农民亲身体验科技成果的应用效果，促进其创业行动的实施：可以与涉农企业进行校地合作，共同进行高校科研成果的中试或工程化、产业化研究；也可通过参与涉农企业的技术开发和创新工作，加快科技成果的转化，弥补高校在成果化过程中的不足；还可以充分利用国家对高校企业的优惠政策，依托高校人才和科技的优势，投身经济市场，创办高科技企业，既能为学校科研成果的转化提供条件，又能成为引导农村创业经济的新兴力量。

参考文献

[1] 罗剑朝 . 中国农村金融前沿问题研究（1990—2014）[M]. 北京：中国金融出版社，2015.

[2] 邵峰 . 转型时期山东沿海农村城市化模式及整合机制研究 [M]. 北京：中国城市出版社，2020.

[3] 中国农业大学党委研究生工作部组编 . 农村，我们来了 [M]. 北京：中国农业大学出版社，2019.

[4] 文祺，孙宏实 . 2020 年全国高校专业解读 [M]. 北京：北京理工大学出版社，2020.

[5] 陈宪，殷凤，程大中 . 中国服务经济报告 2009[M]. 上海：上海大学出版社，2010.

[6] 李昌麒，卢代富 . 经济法学 [M]. 厦门：厦门大学出版社，2010.

[7] 刘长发 . 农村基层组织建设 [M]. 北京：中国言实出版社，2009.

[8] 方芳 . 中国公共经济与社会治理调研报告 [M]. 上海：上海财经大学出版社，2021.

[9] 付翠莲 . 农村与区域发展案例评析 [M]. 上海：上海交通大学出版社，2016.

[10] 文祺 . 2016 年全国高校专业解读 [M]. 北京：北京理工大学出版社，2016.

[11] 罗哲 . 电子商务在新农村建设中的应用研究 [M]. 长春：吉林大学出版社，2018.

[12] 姚中杰 . 半岛经济与民生新常态发展研究 [M]. 成都：西南交通大学出版社，

2016.

[13] 盖国强 . 农村三十年 [M]. 济南：山东人民出版社，2009.

[14] 冯宪 . 残疾人基本公共服务实用读本 [M]. 南宁：广西人民出版社，2018.

[15] 郑长德，罗晓芹 . 经济金融研究 [M]. 北京：中国经济出版社，2013.

[16] 文祺，牛相燕 . 2018 全国高校专业解读 [M]. 北京：北京理工大学出版社，2018.

[17] 冯宪 . 残疾人基本公共服务实用读本 [M]. 南宁：广西人民出版社，2017.